U0857832

QIYE YOUXIU BANZU ANQUAN JIANSHE FANGFA XILIE DUBEN

企业优秀班组安全建设方法系列读本

优秀班组安全生产禁令30条

韦建华 编著

中国劳动社会保障出版社

图书在版编目(CIP)数据

优秀班组安全生产禁令 30 条/韦建华编著. —北京：中国劳动社会保障出版社，2013

企业优秀班组安全建设方法系列读本

ISBN 978-7-5167-0332-8

Ⅰ.①优… Ⅱ.①韦… Ⅲ.①生产小组-工业企业管理-安全生产 Ⅳ.①F406.6

中国版本图书馆 CIP 数据核字(2013)第 087045 号

中国劳动社会保障出版社出版发行

（北京市惠新东街 1 号 邮政编码：100029）

出 版 人：张梦欣

*

三河市华骏印务包装有限公司印刷装订 新华书店经销

787 毫米×1092 毫米 16 开本 14 印张 268 千字

2013 年 5 月第 1 版 2014 年 5 月第 2 次印刷

定价：35.00 元

读者服务部电话：(010) 64929211/64921644/84643933

发行部电话：(010) 64961894

出版社网址：http://www.class.com.cn

版权专有 侵权必究

如有印装差错，请与本社联系调换：(010) 80497374

我社将与版权执法机关配合，大力打击盗印、销售和使用盗版图书活动，敬请广大读者协助举报，经查实将给予举报者重奖。

举报电话：(010) 64954652

内 容 提 要

本书为企业实施生产班组安全管理的指导手册，是生产班组进行自我培训、提升安全生产意识的指导用书。

本书以漫画形式介绍了班组安全生产的 30 条禁令，全面诠释了班组安全生产过程中出现的问题，并通过安全禁令**精讲**、安全案例**细说**、安全经典**语录**、安全操作**工具**、安全知识**竞答**等模块进行了集中讲解，为班组开展安全生产管理工作提供了实用性很强的指导。

本书适合企业生产部管理人员、人力资源部或培训部人员、生产现场管理人员（班组长、线长、拉长、工段长等）以及生产管理领域的研究人员阅读和使用。

前　言

为了响应国务院安全生产委员会在全国组织开展“安全生产月”活动的号召，本着“**拿来即用**”的务实态度，“企业优秀班组安全建设方法系列读本”旨在解决企业及班组生产过程中出现的各种安全问题，帮助企业实现生产“零事故、零伤害、零损失”的目标。

“企业优秀班组安全建设方法系列读本”通过生动的漫画、趣味的讲解、形象的举例，全面地阐述了班组安全管理的实用知识与技巧，以帮助企业及班组加强安全生产文化建设，提高安全保障能力，有效防范和遏制安全事故的发生，促进安全生产形势的持续好转。

“企业优秀班组安全建设方法系列读本”依据“安全第一，预防为主，综合治理”的方针，通过安全生产禁令、反“三违”、劳动防护与应急救护、安全生产管理制度、安全生产工作方法、安全生产标准化建设等实用内容，为读者提供了全方位的安全生产工作指导和参考依据。

《优秀班组安全生产禁令 30 条》是“企业优秀班组安全建设方法系列读本”之一。本书以优秀班组安全生产的 30 条禁令为主线，通过**妙趣横生的漫画、准确到位的讲解、真实再现的案例**阐明了班组在生产过程中出现的安全问题，以帮助班组加强安全生产工作，提高安全生产知识水平。全书具有以下三大特点：

一、安全生产内容全面呈现

本书内容主要包括班组安全生产的 30 条禁令，从安全生产教育、安全生产条件、安全生产能力、生产劳动纪律、承包商管理、作业人员资格、安全事故报告等方面提出了生产企业必须坚决禁止的行为，并通过安全禁令精讲、安全案例细说、安全经典语录、安全操作工具、安全知识竞答等模块诠释了安全生产禁令的主要内容。

二、漫画、精讲、案例便于理解

本书以漫画的形式诠释了优秀班组安全生产的 30 条禁令，这是本书最大的特色。本书每章都以漫画开篇，使班组作业人员在轻松和愉快的心态下开始阅读。另外，精到的讲解、丰富的案例也能帮助班组作业人员加深对安全生产禁令的理解和记忆，并严格执行。

三、语录、工具、竞答便于使用

在用漫画、精讲、案例告诉班组作业人员“禁止做什么”的同时，本书还告诉班组作业人员“为什么不这么做”，以及“应该怎么做”，在安全经典语录、安全操作工具、安全知识竞答模块中对所述内容进行了提炼和总结，为班组人员提供了有效的参考。各类班组在工作中可以根据实际情况灵活运用。

“企业优秀班组安全建设方法系列读本”适合生产企业的班组作业人员在生产操作中使用，也可作为生产企业安全教育的培训教材。

在本书的编写过程中，孙立宏、孙宗坤、王淑燕负责资料的收集和整理，王玉凤、廖应涵、王建霞负责图表的编排，姚小风参与编写了第1～3章，陈永涛参与编写了第4～6章，薛显东编写了第7～9章，杨晓溪编写了第10～13章，李育蔚参与编写了第14～15章，高娃参与编写了第16～18章，张瀛参与编写了第19～21章，李静参与编写了第22～24章，赵全梅参与编写了第25～27章，赵红梅参与编写了第28～30章，全书由韦建华统撰定稿。

准正锐质生产管理咨询中心

2013年3月

目　录

第一章

严禁新员工无培训上岗

安全漫画

生产要安全，培训要保障

安全禁令精讲

《中华人民共和国安全生产法》第 21 条明确规定：生产经营单位应当对从业人员进行安全生产教育和培训，保证从业人员具备必要的安全生产知识，熟悉有关的安全生产规章制度和安全操作规程，掌握本岗位的安全操作技能。未经安全生产教育和培训合格的从业人员，不得上岗作业。

1. 岗前安全教育的必要性

“百年养不足，一日毁有余”，一人发生事故能把一个车间毁掉，也能让一个企业消失。如一个万人工厂，9 999 人素质很高、遵章守纪，只有 1 个人素质差或经常违规，那么事故往往就发生在这 1 个人身上。所以，企业必须重视新员工的岗前安全教育工作。

岗前安全教育的九大好处如图 1—1 所示。

图 1—1　岗前安全教育的九大好处

2. 三级安全教育的主要内容

三级安全教育，是企业对新员工进行岗前安全教育的主要方式，包括厂级安全教育、车间级安全教育、班组级安全教育。

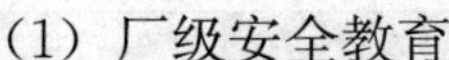

（1）厂级安全教育

新员工入职后，需在企业安全员的陪同下，到人力资源部领取“三级安全教育卡”及试卷，安全部负责对新员工进行厂级安全教育。厂级安全教育的内容如图 1—2 所示。

1．法规学习：培养“安全第一，预防为主”的安全意识
2．企业状况学习：企业发展史、生产特点、设备分布情况
3．企业安全生产规章制度、劳动纪律的学习
4．安全事故案例学习：安全生产经验和教训 的总结
5．劳动防护学习：工伤事故报告、预防、救援常识以及防护措施
6．企业特殊危险区域和特殊设备的学习

图 1—2　厂级安全教育培训内容

（2）车间级安全教育

车间级安全教育是在从业人员工作岗位、工作内容基本确定后进行的，由车间统一组织培训，培训的重点内容如图 1—3 所示。

1．车间概况：车间生产的产品、工艺流程、人员结构、生产组织、车间危险区域、事故多发部位、有毒有害工种、规章制度、车间常见事故案例的剖析等
2．车间安全技术基础知识与基本防护技能：各岗位安全职责、操作技能及强制性安全标准，安全设施、防护用品的正确使用，车间自救、互救、急救方法，疏散和现场紧急情况的处理等
3．车间防火防电常识：消防知识、用电常识等
4．学习生产文件、操作规程，尊敬师傅，遵守纪律，听从指挥

图 1—3　车间级安全教育培训内容

（3）班组级安全教育

班组级安全教育是在从业人员工作岗位确定后，由班组统一组织安排，由班组长、班组技术员、安全员对从业人员进行的安全教育培训，培训的重点内容如图 1—4 所示。

1．班组生产情况及特点：包含作业环境、危险区域、设备状况、消防设施等，以及岗位事故多发部位和典型事故案例的剖析
2．班组规章制度和岗位责任：遵守安全操作规程，不违章作业，爱护和正确使用机器设备和工具，介绍安全检查和交接班制度，发现事故隐患应及时报告
3．班组危害因素及注意事项：使用防护用品和文明生产的要求，做好岗位防护、保持作业环境的整洁
4．安全操作规程：组织技术熟练的工人进行操作示范、讲解，重点讲解操作要领和错误操作的危害

图 1—4　班组级安全教育培训内容

安全案例细说

以下是因无培训上岗而造成安全事故的案例。

小张刚被某包装材料公司聘用，从事操作影印机的工作。某一天，小张在操作过程中发现影印机上的字板脱落，于是用手将字板复位。不料印刷字板上的油漆粘手，再加上机器正在运行，将小张的右手全部卷入油印滚筒里，导致右手受伤。

事故发生后，经调查发现，在小张上岗前，企业并没有安排有关的专业培训，存在重大的过错。

再来看下面的案例。

某建筑工地吊车司机小李因病不能上岗，使得工地无法正常工作，影响了施工的进度。为了不延误工期，施工现场负责人听说小刘曾开过拖拉机，也会开吊车，便命令小刘顶替小李上岗作业。

小刘提出，自己虽然会开吊车，但是没有接受过专门的培训，没有实际操作经验，拒绝上岗。但是，施工现场领导执意要小刘上岗作业，小刘没有办法，只好进行作业。

结果小刘在没有专业培训的情况下进行吊车作业，造成了 1 死 2 伤的安全事故。事故发生后，小刘与施工现场领导很是后悔。

从上面两个案例可以得知，新员工在上岗之前接受专业培训是十分重要的。企业对新员工进行岗前培训，不仅加强了新员工的安全教育培训，提高了员工的安全素质，而且还确保了企业的安全稳定和职工生命财产的安全。

然而，在这一工作的开展过程中，由于培训形式和内容脱离生产和新员工的实际情况，未达到提

高员工安全意识和安全技能的目的，致使部分新员工虽参加了岗前教育培训并通过考试，却仍缺乏安全知识和安全技能，经常违反操作规程，埋下了事故隐患。

安全经典语录

■ 安全生产，缺什么也不能缺安全教育。

■ 生产要安全，安全教育是基础。

■ 生产违反安全生产禁令就是对生命的不尊重，是对生命尊严的轻视。

■ 安全生产禁令是维护生命安全的法宝。

■ 安全生产要立足于班组安全教育。

■ 安全生产是理智与娴熟技术的和谐一致。

安全操作工具

安全培训和教育，是一项长期坚持的活动，必须用制度加以完善和保障。班组安全生产培训教育制度示范如下：

<table>
<tr><td rowspan="2">制度名称</td><td colspan="3" rowspan="2">安全生产培训教育制度</td><td>受控状态</td><td></td></tr>
<tr><td>编　　号</td><td></td></tr>
<tr><td>执行部门</td><td></td><td>监督部门</td><td></td><td>编修部门</td><td></td></tr>
<tr><td colspan="6">

第1章　总　　则

第1条　目的

安全教育培训是安全管理的重要环节和基本工作，是做好安全生产和思想建设工作的重要保障。为提高班组员工的安全意识，使其尽快适应公司的实际需要，尽快融入到公司安全生产活动中，特制定本制度。

第2条　适用范围

本制度适用于班组作业人员上岗之前的安全教育与培训。

第3条　职责划分

1. 人力资源部负责培训前的需求分析和培训计划的制订，以及“安全教育卡”及试卷的编制。

2. 公司安全部负责厂级安全教育培训。

3. 车间主任或安全技术人员负责车间级安全培训。

4. 班组长和现场安全员负责班组级安全教育。安全操作法和安全生产技能培训可由现场安全员执行。

第2章　安全培训实施细则

第4条　安全培训时间与方法

</td></tr>
</table>

续表

<table>
<tr><td rowspan="2">制度名称</td><td colspan="3" rowspan="2">安全生产培训教育制度</td><td>受控状态</td><td></td></tr>
<tr><td>编　　号</td><td></td></tr>
<tr><td>执行部门</td><td></td><td>监督部门</td><td></td><td>编修部门</td><td></td></tr>
</table>

1. 厂级安全培训以内部培训为主，主要是参加公司安全部经理主讲的学习会和观看光碟，时间从新员工录用报到的第2天开始，为期5天。

2. 车间级安全培训采用内部培训和外部培训相结合、短期培训与长期培训相结合的方式，以在职培训为主、外出培训为辅。培训时间为新员工到岗后的第2个月，具体时间由生产部门根据实际工作情况安排。

3. 班组级安全培训的重点是安全基础教育，可以由有经验的老员工进行安全操作示范，边示范边讲解，重点讲安全操作要领。

第5条　安全培训教育要求

1. 外出培训须得到人力资源部审批。培训结束一周后，培训人员应将培训报告及相关证件交人力资源部，人力资源部对培训效果进行验证后，方可将费用列支到培训费用内。

2. 人力资源部应按时提交每一项培训的记录、档案、培训效果评估报告、考核、纠正和改进措施等相关培训资料。

3. 公司安全专家深入现场进行安全知识和技能培训，排除隐患，对“三违”人员从严处罚。

4. 公司任何人员都要进行安全教育培训，并有专人指导、考核、管理。

5. 各班组要认真学习，不断总结，减少事故，增加生产，做好班组培训教育工作。

第6条　培训教育纪律

1. 每次参加培训的员工应提前5分钟到现场签到，如受训人员在培训课程结束前10分钟离开培训现场，则此次签到视为无效。

2. 参加培训的员工在培训期间不得随意请假，如有特殊原因须经部门主管批准，并将请假条交至人力资源部，否则以旷工论处。

3. 受训人员上课期间必须遵守培训师要求的课堂规则，比如严禁吸烟和随意交谈等。

第7条　违反禁令的处罚

1. 对违纪人员进行再教育的时间应根据学习效果和认识态度确定，一般不少于3天。

2. 随同检查人员查岗，进行自我教育，同时警示其他员工要遵章守纪。

3. 做班前检查、检讨，讲述自身违章行为过程及其危害性，以及再教育的感受，保证不再犯类似错误，达到教育本人、警示他人、确保安全的目的。

4. 罚款，根据情节和公司规章制度进行罚款处理。

第3章　附　　则

第8条　本制度由公司安全部门负责制定、修改和解释。

第9条　本制度经有关领导审批后，自公布之日起开始施行。

<table>
<tr><td rowspan="3">修订记录</td><td>修订标记</td><td>修订处数</td><td>修订日期</td><td>修订执行人</td><td>审批签字</td></tr>
<tr><td></td><td></td><td></td><td></td><td></td></tr>
<tr><td></td><td></td><td></td><td></td><td></td></tr>
</table>

安全知识竞答

1. 安全生产中的三级安全教育的内容：一是________；二是________；三是________。

2. 全员安全教育，也叫________、________，细而不漏，不留安全木桶的漏点。教育对象包括________、________以及________等涉及安全生产的全部人员。

3. 生产经营单位应当对从业人员进行安全生产教育和培训，保证从业人员具备必要的安全生产知识，熟悉有关的安全生产________和________，掌握本岗位的安全操作技能。未经安全生产教育和培训合格的从业人员，不得上岗作业。

4. 生产经营单位的主要负责人和安全生产管理人员必须具备与本单位所从事的生产经营活动相应的________和________。

---

1. 答案：厂级安全教育　车间级安全教育　班组级安全教育

2. 答案：人人安全教育　群体安全教育　企业的各级领导　企业的全部员工　员工家属

3. 答案：规章制度　安全操作规程

4. 答案：安全生产知识　管理能力

第二章

严禁班前、班中饮酒作业

安全漫画

——班前一滴酒，亲人两行泪

安全禁令精讲

我国自古以来就是酒文化的故乡，饮酒传统源远流长。婚丧嫁娶、佳节聚会等，没有酒，气氛难造，情趣缺少，酒的确能使人快乐，所谓“酒逢知己千杯少”，人们自然乐在其中。

但是，在班组作业中，酒却是安全生产的克星，是诱发工伤事故的“罪魁祸首”。班组中员工很多，如飞快旋转的金属切削机床和高处、起重、车辆驾驶、焊接、司炉、危化品和瓦斯检验等工种的员工，需要精神高度集中。喝酒容易让人神经麻痹，神智不清醒，无法控制自己的行为。因此，在班组安全生产禁令中，酒是第一禁令。

班前、班中饮酒危害极大，所带来的危害如图 2—1 所示。

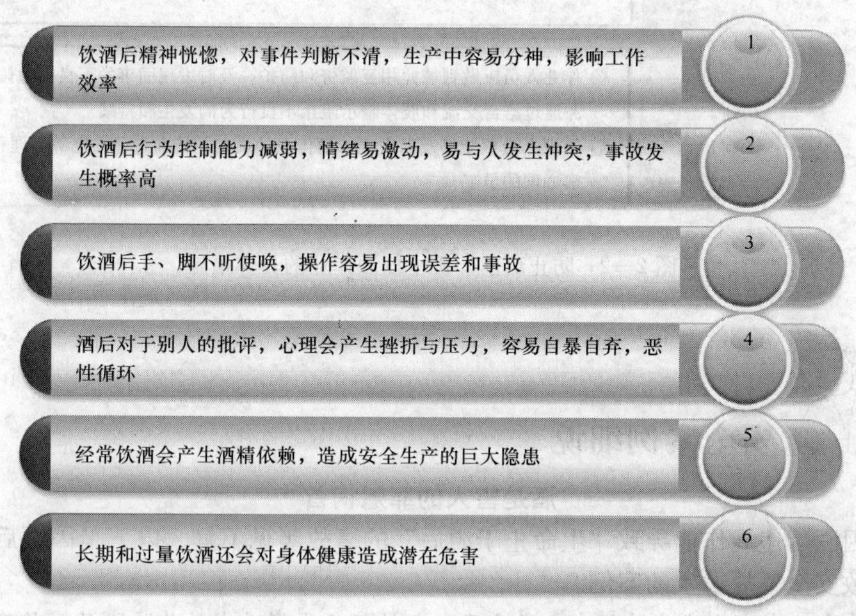

图 2—1　班前、班中饮酒作业的危害

为了进一步加强班组安全生产管理，逐步规范员工的作业行为，避免因酒后上岗而发生安全事故，班组长对有饮酒嗜好的员工应给予关心，要时时检查，多想办法，警钟长鸣，使“安全第一”的思想时刻铭记在员工的心中，具体的应对措施如图 2—2 所示。

具体措施

- 控制员工情绪
  - ◎ **识别员工的情绪**：观察有饮酒嗜好的员工情绪的变化，分析情绪背后的情感诉求。可通过观察、交流、评估的方式有效识别员工的情绪
  - ◎ **引导员工的情绪**：从重视员工的意见、关心员工的生活、帮助员工的成长等方面引导员工的情绪，创造良好、轻松的工作环境
  - ◎ **疏导员工的异常情绪**：在发现饮酒员工有异常情绪时，应该及时对其进行疏导，帮助员工缓解不良情绪
- 加强安全教育
  - ◎ 现场管理人员可以通过教育宣传片或讲述实例的方式，让嗜好饮酒的员工深刻地认识到饮酒作业的危害
  - ◎ 让员工了解公司的规章制度。除了使员工牢记各种班组作业规范外，还要让员工明白制定这些规范的原因
- 进行违章惩罚
  - ◎ 严格执行企业的规定，对饮酒作业人员施以相应的惩处
  - ◎ 在惩罚的过程中应该遵循3个原则：从小事抓起、人人平等、适度曝光
- 加强现场监护
  - ◎ 作业人员应做到彼此相互监督和防护，及时发现同事的不良行为倾向，并通过语言交流和肢体暗示阻止不良行为的发生和持续
  - ◎ 管理人员要能够及时发现饮酒作业的员工，特别是存在侥幸心理和麻痹心理的员工

图 2—2　防止班前、班中饮酒作业的具体措施

安全案例细说

酒是害人的罪魁祸首

因酒后违规作业导致“生命止于酒后”的事故屡见不鲜。以下是因酒后作业而导致安全事故发生的案例。

某企业在夜班生产过程中，发生了一起饮酒后上岗造成的伤脚事故。临时工小王 15：00 左右来接班，班组长发现他喝了酒，命令他 18：00 的班不要上，随后安排另外两名员工代替小王上岗工作。19：00 时，班组长来检查时，发现小王没有上班。21：30 时，顶替小王的两名员工同时离岗吃饭，此时设备正在运行。

两人饭后回来发现，小王的双腿已经卷进了慢速转动的设备中，两名员工立刻采取紧急停车措施，并向当班的领导报告。闻讯赶来的众人经过很长时间的努力，才将小王的脚拿出，随后送往医院，可是小王的脚已经严重受伤。

这起事故的主要原因分析如下：

1. 企业管理制度不落实、管理不完善、放松对员工的管理，是事故发生的直接原因。

2. 作业人员安全生产意识淡薄。小王班前饮酒，这种行为属于违章作业，在领导制止的情况下，他还没有离开现场，并在没有作业人员的情况下再次违规操作，这是事故发生的主要原因。

安全经典语录

■ 酒后不开工，开工不沾酒。

■ 远离酒后作业是每个班组成员共同的责任。

■ 饮酒与作业——致命的结合。

■ 酒后作业属于自杀行为。

■ 班前饮酒和班中饮酒属于严重违纪行为。

安全操作工具

为了进一步加强企业的安全生产管理，逐步规范员工的作业行为，避免因酒后上岗而发生安全事故，每一位作业人员都应在上岗前签订安全生产“禁酒令”承诺书，而且各作业人员要遵守承诺，遵照执行。

方案名称	安全生产“禁酒令”承诺书	执行部门	
		监督部门	
1. 严禁班组成员在班前、班中饮酒。 2. 严禁班组管理人员在班前、班中及值班期间饮酒。 3. 班组长有责任在班前、班中对班组成员是否饮酒进行检查。 4. 班组成员有权对班组长班前、班中饮酒进行监督、检举。 5. 公司安排人员对班组班前、班中的饮酒情况进行抽查。 6. 公司对各级管理人员值班期间是否饮酒进行抽查。 7. 若发现饮酒行为，则给予饮酒者留用察看处分，饮酒者应参加培训管理 3 个月，学习期间执行最低工资标准。 8. 若发现饮酒行为，则给予饮酒者班组长记大过、作业区队长记过处分。记过处分 3 个月，处分期间，发绩效工资的 70%；大过处分 3 个月，处分期间，发绩效工资的 50%。 9. 凡管理人员在岗前或岗上饮酒的，查实后，就地免职并执行上述处罚考核。			

续表

<table>
<tr><td rowspan="2">方案名称</td><td rowspan="2">安全生产“禁酒令”承诺书</td><td>执行部门</td><td></td></tr>
<tr><td>监督部门</td><td></td></tr>
<tr><td colspan="4">10. 承诺书对班组长及班组全体成员有效。
本人承诺班前、班中绝不饮酒，如违反愿接受处罚。

承诺人：
承诺日期：　　年　月　日</td></tr>
<tr><td rowspan="3">修订记录</td><td>修订标记</td><td>修订处数</td><td>修订日期</td><td>修订执行人</td><td>审批签字</td></tr>
<tr><td></td><td></td><td></td><td></td><td></td></tr>
<tr><td></td><td></td><td></td><td></td><td></td></tr>
</table>

以下是关于饮酒后上岗行为的考核办法，仅供参考。

<table>
<tr><td rowspan="2">制度名称</td><td colspan="2" rowspan="2">饮酒后上岗行为的考核办法</td><td>受控状态</td><td></td></tr>
<tr><td>编　　号</td><td></td></tr>
<tr><td>执行部门</td><td>监督部门</td><td></td><td>编修部门</td><td></td></tr>
<tr><td colspan="5">第 1 条　所有员工在工作时间，严禁饮酒，严禁饮酒后上岗作业。
第 2 条　如发现饮酒后上岗作业的人员，应对其进行安全教育，督促其离开作业岗位。饮酒后上岗作业人员所在班组的班组长，有权劝其离开岗位。
第 3 条　第一次发现有饮酒后作业行为的，罚款____元；第二次加倍处罚。
第 4 条　第一次发现有饮酒后作业时间长达一个工作日的人员，罚款____元，第二次加倍处罚；对未尽到劝离岗位的班组长罚款____元。
第 5 条　对于因饮酒后上岗作业而造成不良后果的人员，罚款____元，并在公司范围内通报批评。
第 6 条　对饮酒后上岗作业人员所在部门或班组，在绩效考核中扣____分。
第 7 条　因饮酒后上岗作业而造成安全事故的，按照公司事故管理规定，对饮酒人员加倍处罚。
第 8 条　在上述考核中，生产管理人员违反以上规定的，加倍处罚。
第 9 条　本办法自公布之日起执行，由生产部负责解释和考核。</td></tr>
</table>

<table>
<tr><td rowspan="3">修订记录</td><td>修订标记</td><td>修订处数</td><td>修订日期</td><td>修订执行人</td><td>审批签字</td></tr>
<tr><td></td><td></td><td></td><td></td><td></td></tr>
<tr><td></td><td></td><td></td><td></td><td></td></tr>
</table>

安全知识竞答

1. 作业人员进入作业现场应遵守哪些规定?

2. 公司规定严禁酒后上岗，最基本的要求是班前 6 小时以内或在________是绝对禁止饮酒的。

3. 醉酒后驾驶机动车的，由公安机关交通管理部门约束至________。

4. 一年内两次醉酒后驾驶机动车被处罚的，吊销机动车驾驶证________之内不得驾驶营运机动车。

5. 饮酒后驾驶机动车的，处暂扣 1 个月以上 3 个月以下机动车驾驶证，并处________罚款。

6.“酒后”一般指饮用各种白酒、啤酒和果酒后________小时以内。

7. 作业人员要做到哪“五不准”?

---

1. 答案：服从领导和安全检查人员的指挥；坚守岗位，不串岗；严禁酒后上班；不得在禁止烟火的地方吸烟动火；不得随意进入危险场所或触摸非本人操作的设备；不得拆除、移动或毁坏各种安全标志。

2. 答案：上班中

3. 答案：酒醒

4. 答案：5 年

5. 答案：200～500 元

6. 答案：8

7. 答案：

（1）不准私自脱岗、串岗、离岗。

（2）不准在班前、班中饮酒，不准在现场打盹、睡觉、闲谈、打闹及干与工作无关的工作。

（3）不准非岗位人员触动或开关机电设备、仪器仪表和各种阀门。

（4）不准在机电设备运行时进行清扫、检修作业及隔机传递工具。

（5）不准私自带火种进入易燃易爆区域，严禁吸烟。

第三章

严禁不穿戴防护用品作业

安全漫画

——秤砣不大压千斤，安全帽小救人命

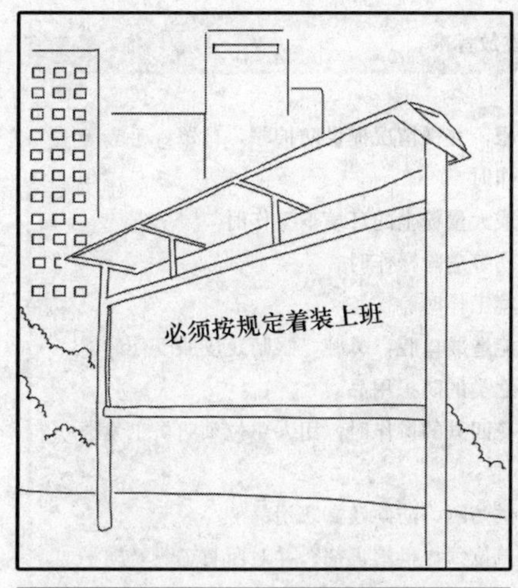

——防护用品穿戴好，遇险可把生命保

安全禁令精讲

防护用品是保障员工人身安全与健康的重要措施，也是保障用人单位安全生产的基础。在班组作业中，不穿戴防护用品是安全生产的禁令之一。

根据国家颁布的 LD/T 75—1995《劳动防护用品分类与代码》，可把防护用品分为安全帽、呼吸器护具、眼护具、听力护具、防护鞋、防护手套、防护服、防坠落护具、护肤用品九类。

企业相关部门有对员工发放防护用品的责任，在给作业人员发放劳动防护用品时，应根据作业人员的实际工种选择发放相应的防护用品，具体的发放标准如图 3—1 所示。

1．出现以下情况时，班组向员工发放防护服，并视情况提供防护帽、口罩、手套等

（1）在有强烈辐射、过热或低温条件下工作时

（2）在散发毒性、刺激性、感染性的气体或大量粉尘的环境下工作时

（3）进行有可能发生灼伤、烫伤或机械外伤等危险操作时

（4）在潮湿、能腐蚀衣服或特别脏乱的环境工作时

2．工作中会接触到有毒的粉尘和气体，可能造成口腔、鼻腔、眼睛及皮肤受伤时，用人单位须向员工发放洗漱药水或药膏之类的防护用品

3．工作中有产生噪声、强光、辐射热及火花四溅的操作时，用人单位须向员工发放保护眼睛、面部、耳朵等的防护用具

4．经常在露天场所工作时，用人单位需提供防晒、防雨及御寒用品

5．在有传染疾病危险的场所工作时，用人单位须提供消毒剂，并对所有工具及防护用品进行定期消毒处理

6．工作中有高处作业时，用人单位须提供安全带，并做好安全措施

图 3—1　防护用品发放标准

企业班组应事先对作业人员进行关于合理选择和使用各种劳动防护用品的培训，并在实际使用中现场检查，确保防护效果良好。

无论是哪种防护用品，企业必须根据国家标准、行业标准或地方标准，结合班组作业环境、劳动强度及所接触到的有害因素存在的形式、性质、浓度和防护用品的防护性能进行选用。

作为班组安全生产禁令，作业人员在穿戴和使用防护用品时需遵守以下规定，如图 3—2 所示。

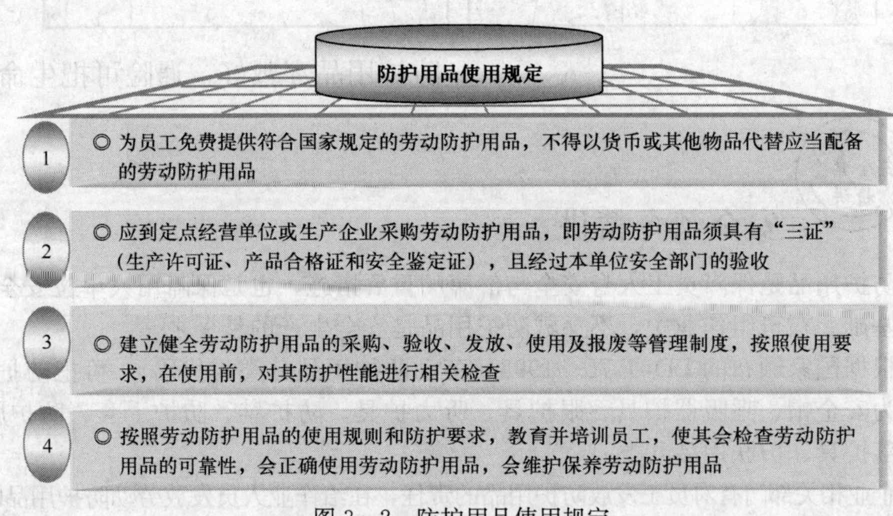

图 3—2　防护用品使用规定

另外，企业班组不仅要为作业人员提供符合国家规定的防护用品，还要监督、教育培训员工按照规则佩戴、使用防护用品。企业班组在对防护用品进行管理时，必须遵循以下 3 个要求，如图 3—3 所示。

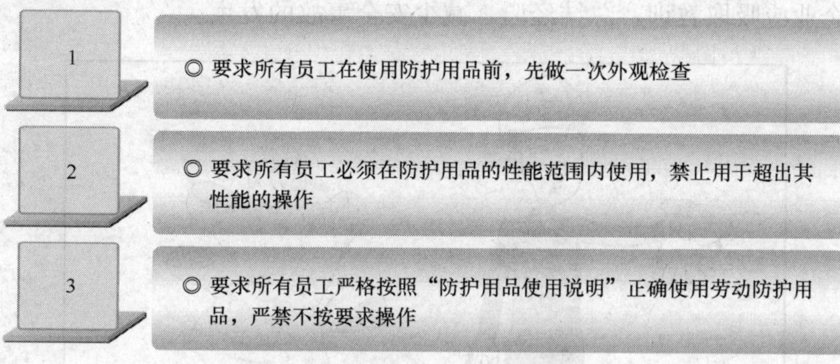

图 3—3 防护用品管理要求

安全案例细说

防护用品很重要

一天，某钢铁有限责任公司试样加工组下午上班后，李某（试样加工组组长，张某的师傅）根据当天的加工任务，安排张某（试样工）操作普通车床，加工拉力试样。

张某按照李某分配的任务，立即开动车床加工试样。在加工拉力试样时，张某感觉加工的难度较大，于是请师傅李某到车床指导，张某站在旁边听其讲解。约10分钟后，李某使用锉刀(外缠纱布)抛光试样斜坡度时，突然趴在车床上。张某立即关机，报告陈某（副组长）及郭某（车间主任），立即通知120急救中心并向公司领导报告。120急救车到现场后，医生发现李某已死亡。

事故分析：

在这起事故中，试样加工组组长李某，在加工拉力试样时未按安全操作规程穿戴防护用品，右手衣袖被旋转的拉力试样绞住，导致身体往前倾斜，头被旋转的车床绞挤致死。这是该起事故发生的直接原因。

另外，该事故是因李某安全防护意识薄弱，未按相关规定穿戴防护用品造成的安全责任事故。

上面的案例告诉我们，作业人员的安全防护知识十分重要。因为作业人员的安全意识薄弱，未能按照有关规定佩戴必要的防护用品进行作业，导致这类安全事故屡屡发生。为了避免因未佩戴防护用品进行违章作业而再次发生安全事故，各生产企业应吸取教训，总结经验，减少安全事故的发生。

各生产班组应从上述案例中吸取教训，采取必要的防范措施，具体措施如下。

1. 公司的安全管理部门应对各班组加工现场进行专项安全检查
2. 公司应定期召开“事故现场安全警示会”，进行安全警示教育
3. 各班组作业人员应认真吸取教训，珍惜生命，在班组内部开展“遵章守法细操作，安全记在心”活动
4. 公司的安全管理部门应加大对作业人员安全教育的培训，组织员工学习本岗位、本工种的安全操作规程和规章制度，加强员工自身防范意识和劳动纪律的管理
5. 公司应查找身边的“物的不安全状态、人的不安全行为”，做到随时检查，杜绝类似事故的重复发生

安全经典语录

■ 安全“三宝”指的是安全帽、安全带、安全网。

■ 作业防护好，安全跟着跑。

■ 安全防护未做好，进入现场把命送。

■ 专业防护不能少，现场安全才牢靠。

■ 焊机接地为保险，手持面罩为护眼。

■ 面罩、手套、防燃服，未曾开工先防护。

安全操作工具

防护用品是保障员工人身安全与健康的重要措施，也是保障用人单位安全生产的基础。班组防护用品使用规范如下。

制度名称	防护用品使用规范			受控状态	
				编　号	
执行部门		监督部门		编修部门	

第1章　总　　则

第1条　为了更好地对班组作业人员进行个体防护，规范安全防护用品的使用，减少和预防职业病、工伤事故，特制定本规范。

第2条　本规范适用于公司所有的作业人员。

第2章　防护用品的使用要求

第3条　对产生噪声、粉尘、有毒气体的班组应配备防护耳罩（耳塞）、防护鞋、防护眼镜、防护手套、防护服、防尘口罩和防毒面具。

1. 防护耳罩（耳塞）、防护眼镜的使用期限为1年，防尘口罩和防毒面罩的使用期限为2个月。

2. 防护耳罩（耳塞）、防护眼镜超过使用期限未损坏的，使用人继续保留使用，损坏后再进行更换。

第4条　防护用品根据配发标准进行发放，员工领用防护用品时应履行领用登记手续。

第5条　防护耳罩（耳塞）、防护眼镜、防尘口罩和防毒面具等防护用品在更换时必须以旧换新，由各班组进行统计，更换完毕将旧的防护用品放置于辅料仓，统一进行报废处理。凡不交旧品者，每件扣缴新品金额的70%。

第6条　防护用品应正确使用，严禁违章使用防护用品；防护用品应做好清洗、保养工作，保持其正常使用状态；在规定的使用期间内若发现丢失、损坏的现象，由个人进行赔偿。

第7条　员工离职后，必须上交所发放的防护用品，由所在部门保存。若离职后未上交，相关班组应承担新品金额的70%。

第8条　安全管理人员负责对现场作业人员的防护用品佩戴情况进行监督检查，如发现未按规定佩戴的，对当事人罚款____元/次，直接主管负连带责任，罚款____元/次。

续表

<table>
<tr><td rowspan="2">制度名称</td><td colspan="2" rowspan="2">防护用品使用规范</td><td>受控状态</td><td></td></tr>
<tr><td>编　号</td><td></td></tr>
<tr><td>执行部门</td><td></td><td>监督部门</td><td>编修部门</td><td></td></tr>
</table>

第3章　安全帽与安全带的使用规定

第9条　在作业现场，安全帽的主要作用是保护头部。在以下情况下，安全帽可以保护人的头部不受伤害或降低头部伤害的程度。

1. 飞来或坠落下来的物体击向头部时。
2. 当作业人员从2米及以上的高处坠落下来时。
3. 当头部有可能触电时。
4. 在低矮的部位行走或作业，头部有可能碰撞到尖锐、坚硬的物体时。

第10条　在佩戴和使用安全帽时，一般应注意下列事项。

1. 佩戴安全帽前应将帽后调整带按自己头型调整到适合的位置，然后将帽内弹性带系牢。
2. 安全帽的下领带必须扣在颌下并系牢，松紧要适度，防止安全帽脱落。
3. 要定期检查安全帽有没有裂痕、磨损等情况，发现异常现象要立即更换，不准继续使用。
4. 在现场作业中，作业人员不得将安全帽脱下、放置一旁或当凳子坐。
5. 在现场室内作业也要戴安全帽，特别是在室内带电作业时，更要认真戴好安全帽。
6. 安全帽应保持整洁，不能接触火源，不能任意涂刷油漆，不准当凳子坐，防止丢失。

第11条　为了防止作业人员在某个高度和位置上发生坠落，必须系挂好安全带。安全带的使用和维护有以下几点要求。

1. 思想上必须重视安全带的作用。
2. 使用前应检查安全带有无变质、卡环是否有裂纹、卡簧弹跳性是否良好。
3. 高处作业如安全带无固定挂处，应使用适当强度的钢丝绳或采取其他方法。
4. 安全带要拴挂在牢固的构件或物体上，防止摆动或碰撞。
5. 安全带不使用时要妥善保管，不可接触高温、明火、强酸、强碱或尖锐物体。

第4章　防护服与防护眼镜的使用规定

第12条　现场作业人员应穿着工作服，对作业人员防护服的穿着要求如下所示。

1. 作业人员作业时必须穿着工作服。
2. 操作转动机械时，袖口必须扎紧。
3. 从事特殊作业的人员必须穿着特殊作业防护服。
4. 焊工工作服应用白色帆布制作。

第13条　为了避免物质的颗粒和碎屑、火花和热流、耀眼的光线和烟雾对眼睛造成伤害，作业人员必须根据防护对象的不同，选择和使用相应的防护眼镜。

1. 防打击的护目眼镜有硬质玻璃片护目镜、胶质黏合玻琉护目镜、钢丝网护目镜。
2. 防紫外线和强光用的是防紫外线护目镜和防辐射面罩。
3. 防有害液体的护目镜一般镜片用普通玻璃制成，镜架用非金属耐腐蚀材料制成。
4. 防X射线的防护眼镜由玻璃中加入一定量的金属铅面而制成的铅制玻璃片制成。
5. 防灰尘、烟雾及各种有轻微毒性或刺激性较弱的有毒气体的防护镜必须密封，遮边无通风孔，与面部接触严密，镜架要耐酸、耐碱。

第5章　防护鞋与防护手套的使用规定

第14条　防护鞋的种类比较多，应根据作业场所和内容的不同选择使用。作业现场上常用的有绝缘靴（鞋）、焊接防护鞋、耐酸碱橡胶靴及皮安全鞋等。对绝缘鞋有如下安全要求。

1. 必须在规定的电压范围内使用。
2. 绝缘鞋（靴）胶料部分无破损，且每半年做一次预防性试验。
3. 在浸水、油、酸、碱等条件下，不得作为辅助安全用具使用。

续表

<table>
<tr><td rowspan="2">制度名称</td><td colspan="3" rowspan="2">防护用品使用规范</td><td>受控状态</td><td></td></tr>
<tr><td>编　　号</td><td></td></tr>
<tr><td>执行部门</td><td></td><td>监督部门</td><td></td><td>编修部门</td><td></td></tr>
<tr><td colspan="6">第 15 条　作业现场上人的一切作业，都是由双手操作完成的。所以作业人员应使用防护手套。作业现场上常用的防护手套有下列几种。
1. 劳动防护手套。具有保护手和手臂的功能，作业人员工作时一般都使用这类手套。
2. 带电作业用绝缘手套。
3. 耐酸、耐碱手套，主要用于接触酸、碱物品。
4. 橡胶耐油手套，主要用于接触矿物油、植物油及脂肪族的各种溶剂。
5. 焊工手套，主要用于电、火焊工作业时戴的防护手套。
第 6 章　附　则
第 16 条　本制度由安全管理部门制定、修订和解释。
第 17 条　本制度由总经理审核批准后，自颁布之日起实施。</td></tr>
<tr><td rowspan="3">修订记录</td><td>修订标记</td><td>修订处数</td><td>修订日期</td><td>修订执行人</td><td>审批签字</td></tr>
<tr><td></td><td></td><td></td><td></td><td></td></tr>
<tr><td></td><td></td><td></td><td></td><td></td></tr>
</table>

安全知识竞答

1. 作业人员在作业中必须佩戴什么用品？

2. 如何正确佩戴安全帽？

3. 防止毒物危害的最佳方法是________。

4. 防护用品分为________防护用品和________防护用品。

5. 操作机械时，作业人员要穿“三紧”式工作服，“三紧”是指________紧、________紧、________紧。

6. 在进行焊割作业时，应佩戴________和个人防护用具。

7. 绝缘手套和绝缘鞋除按期更换外，还应做到每次使用前做________检查。

8. 在铣床上，作业人员进行高速铣削操作时要戴________。

9. 噪声级超过________的工作场所，工厂应为操作者配备耳塞（耳罩）或其他护耳用品。

10. 一般安全帽佩戴________年要更换。

1. 答案：必须正确佩戴和使用合格的劳动防护用品。如：安全帽、安全带、护目镜、防尘口罩、绝缘手套、绝缘鞋等。

2. 答案：佩戴安全帽前先检查外壳是否破损、有无合格帽衬、帽带是否齐全，调整好帽衬间距（4～5厘米），调整好帽箍，戴好安全帽后要系好帽带，锁好带扣。

3. 答案：佩戴呼吸器具

4. 答案：一般劳动　特种

5. 答案：袖口　领口　下摆

6. 答案：镶有护目镜片的面罩

7. 答案：绝缘性能

8. 答案：防护镜

9. 答案：90分贝

10. 答案：1～2

第四章

严禁存在侥幸心理作业

安全漫画

——设备巡视莫粗心，侥幸心理要不得

安全禁令精讲

根据《现代汉语词典》以及心理学中的解释，侥幸心理是一种潜意识，是指企求偶然、意外地获得利益或躲过不幸的心理活动。

在生产过程中，员工可能因各种心理原因而违章操作，而这些违章操作给企业的安全生产带来了极大的隐患。员工违章作业并不一定是主动行为，很多违章行为是由于员工处于紧张、兴奋或愤怒的状态而无意中做出的，其本身并无心理活动。而主动违章作业的员工通常有侥幸心理和麻痹思想。

侥幸心理是违章作业人员在行动前的一种心态，这类员工懂得安全操作规程，而且具有较高的技术水平。由于对作业的各个程序都十分了解，他们知道如何做一些“变通”，而且通常只是挑一些小的、看似不重要的地方进行违章操作。

一般情况下，侥幸心理主要有以下几种类型。如图 4—1 所示。

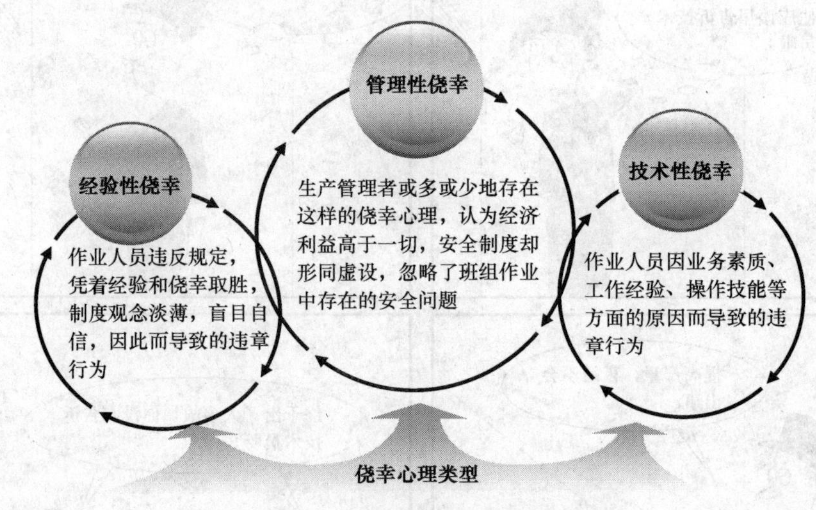

图 4—1　侥幸心理的类型及表现

存在侥幸心理而违章操作的员工一般都有动机，通常会有“应该不会有事”“应该不会被抓到”的想法，将发生安全事故视为小概率事件。这种侥幸心理的作用机制如图 4—2 所示。

侥幸心理、麻痹思想是安全生产的大敌，存在侥幸心理的作业人员在进行作业时，不可避免地会违章。因此，企业班组应严禁作业人员存在侥幸心理，必要时采取相应的防范措施。消除员工侥幸心理的具体做法如图 4—3 所示。

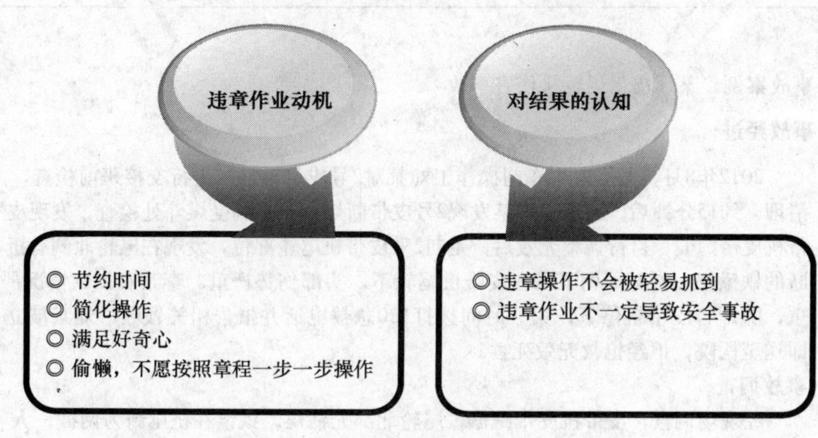

图 4—2 侥幸心理作用机制

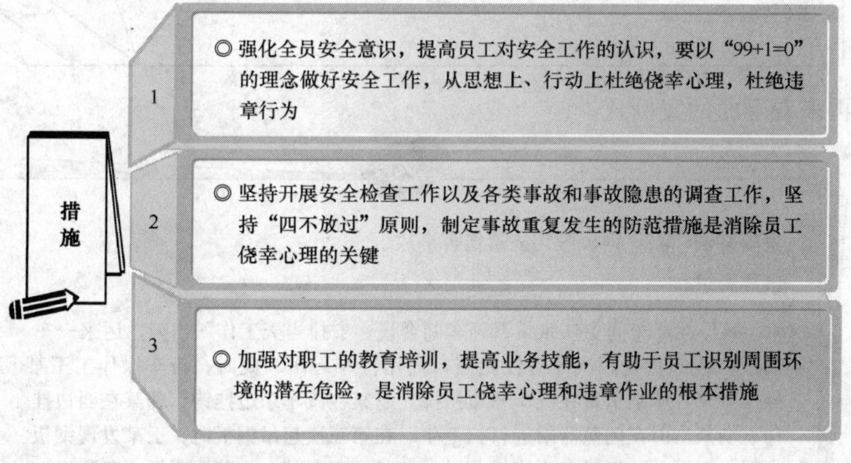

图 4—3 消除员工侥幸心理的具体措施

安全案例细说

作业人员在生产过程中，时常会认为严格按照规章制度作业过于烦琐，存在“即使偶尔出现一些违章行为也不会造成事故”的心理，这种心理给企业的安全生产带来了极大的隐患。

下文通过两个典型案例，详细说明生产企业“严禁存在侥幸心理作业”的重要性。

事故案例：某厂皮带运输机伤害事故

事故经过：

2012年8月，某厂备煤车间操作工刘某对2号皮带输送机进行交接班前检查、清理。约15分钟后，捅煤工李某发现2号皮带断煤，于是到受煤斗处检查，发现皮带机皮带跑偏，自行调整无效后，走向2号皮带机尾轮部位，发现在尾轮北侧有折断的铁锹把，刘某面朝下趴在皮带机尾轮下，头部伤势严重。李某意识到情况严重，随即将皮带机停下，第一时间拨打120急救电话并报告相关领导。刘某被立即送至医院，但经抢救无效死亡。

事故调查：

经现场调查，皮带机皮带跑偏，尾轮北部无沾煤，铁锹在机尾断为两截，人身趴在皮带机尾轮下方，头部有血迹，手套、帽子掉落在皮带下。

从现场情况推断，刘某是在清理皮带机尾轮时，铁锹被运行中的皮带卷住、甩出至机尾附近，刘某未能迅速将铁锹脱手，由于惯性作用，头部撞击硬物后致死。

再来看下面的案例。

事故案例：某厂钢板脱钩坠落伤害事故

事故经过：

某厂生产车间主任张某召开车间会议，安排当天工作。当天，运来一车钢板，因卸货处距汽车有段距离，需用行车起吊。此时，行车操作工王某操作行车，陈某负责在汽车东边指挥，赵某在汽车东边挂钩，郭某在西边挂钩。李某当时在闪蒸器附近打扫卫生。在第三次起吊钢板时，王某发现钢板出现上下晃动，但吊车未停。此时，陈某发现李某在闪蒸器附近（危险区）站立，立即向王某打手势，并大声呼喊。王某看见陈某打手势，于是立即紧急停车。就在此时，钢板脱离吊钩，由南向下坠落，刹时，车间尘土飞扬。当在场的作业人员赶到出事地点时，发现李某躺在闪蒸器附近。王某、陈某等人赶紧将李某送往医院，但因李某脑部严重受损，经抢救无效死亡。

在这两个案例中，作业人员进行违章操作、违章指挥，都存在侥幸心理，这也是两起事故的直接原因。另外，作业现场的管理不善、检查监督不到位、安全措施不健全、安全教育要求不严格也是引起事故的重要原因。

从上面两个案例我们可以吸取血的教训。作业人员应加强生产安全知识的学习，增强自制能力的培养，思想上不容有侥幸心理的存在，严格遵守作业操作规

程，避免违章违纪事件的发生。

安全经典语录

■ 居安思危险不至，麻痹大意祸降临。

■ 精心操作细检查，消灭事故在萌芽。

■ 麻痹与痛苦共存，安全与幸福同在。

■ 安全检查要做细，疏忽大意出问题。

■ 有章不循想当然，思想麻痹是根源。

■ 事故出于麻痹，安全源于警惕。

■ 安全两天敌，违章和麻痹。

■ 侥幸一次，麻痹百回；麻痹百回，悔恨终生。

■ 聪明人把安全寄托在遵章上，糊涂人把安全依赖在侥幸中。

安全操作工具

以下是关于作业现场作业人员存在侥幸心理作业的表现及纠正示例，供读者参考。

<table>
<tr><td rowspan="2">文案名称</td><td colspan="3" rowspan="2">作业现场侥幸心理作业的表现及纠正示例</td><td>受控状态</td><td></td></tr>
<tr><td>编　　号</td><td></td></tr>
<tr><td>执行部门</td><td></td><td>监督部门</td><td></td><td>编修部门</td><td></td></tr>
<tr><td colspan="6">1. 随意作业，擅自操作，导致误操作事故
【举例】某工厂近年来连续发生人为的错误操作事故。主要原因是作业人员不认真执行操作规程，随意作业，擅自操作。
【纠正方法】教育作业人员认真遵守安全规程，严格执行操作程序，杜绝随意作业、擅自操作的行为。
2. 心存侥幸，徒手摘跌落开关，触电致伤
【举例】某生产企业配电作业，一名工人心存侥幸，竟徒手摘跌落开关，触电致伤。该企业连续发生因工人徒手摘跌落开关而引发的触电伤害事故。
【纠正方法】应教育员工严格执行操作程序，宣传徒手摘跌落开关的严重危害，加强监护，严禁违章操作。
3. 随意从高处跳下
【举例】某班组人员负责更换线路横担。班组一名工人上杆时是踩踏板上去的，下杆离地还有约 4 米时，往下一跳，造成左脚骨骨裂。
【纠正方法】应警示职工随意从高处跳下的危险。高处作业时，严禁往下跳，以防发生意外。
4. 在易燃易爆场所用明火照明
【举例】某发电厂一名员工下到水泵室检查设备和观察水位时，因照明灯位置较高，又忘带防爆手电筒，看不清水位，便划火柴照明，只听“轰”的一声，身旁的一小桶汽油产生爆燃，作业人员被严重烧伤。</td></tr>
</table>

续表

文案名称	作业现场侥幸心理作业的表现及纠正示例			受控状态	
				编　　号	
执行部门		监督部门		编修部门	

【纠正方法】应警示员工在易燃易爆场所用明火照明的危险。在易燃易爆场所，严禁用明火照明。对用明火照明的，应及时制止。

5. 不采取防倾倒措施即登杆作业

【举例】某班组在拆除绝缘的绑线时，在未采取防倾倒措施的情况下，一名工人即上杆作业，致使杆倾倒，造成人身伤害。

【纠正方法】应宣传不采取防倾倒措施即登杆作业的危害。登杆作业前，必须认真检查杆根是否稳固，如果不稳固，应采取防倾倒安全措施。

6. 从车箱两钩间穿行

【举例】某发电厂一名工人为走近道，在吊距不到1米的车箱两钩间穿行。恰巧在此时翻车机排空车，使停留的空车冲撞车辆移动，将其挤压致死。

【纠正方法】应宣传从车箱两钩间穿行存在的危险，严禁从车箱两钩间穿行。现场设置“随时动车、严禁穿越”的警告牌。调度人员下达排空车令时，应检查有无人员穿行，并应采取封闭措施，以防以发生意外。

7. 从事切割作业之前，不清理现场

【举例】某钳工到厂内切割钢筋，未清理现场，掉落的铁屑和火花溅到附近的木屑上，引起火灾。

【纠正方法】应对职工加强安全意识教育，在切割作业之前，应首先清理现场，清除不安全因素。

修订记录	修订标记	修订处数	修订日期	修订执行人	审批签字

安全知识竞答

1. 违章行为分为________、________、________三类。

2. 造成事故的主要心理因素有哪些？

3. 作业人员对违章行为后果的追求，通常有________、________两种违章心理。

4. 侥幸心理主要分为________、________、________三类。

5. 判断：“违章不一定出事，出事不一定是我”，所以，安全工作不能太认真。

6. ________是违章作业的主要原因之一。

1. 答案：一般性违章　较重违章　严重违章

2. 答案：侥幸心理　麻痹心理　偷懒心理　逞能心理　莽撞心理　心急心理　烦躁心理　粗心心理　自满心理　好奇心理

3. 答案：取巧侥幸心理　求利争先心理

4. 答案：经验性侥幸　管理性侥幸　技术性侥幸

5. 答案：错误　解析：安全工作必须认真，不能存在侥幸心理

6. 答案：侥幸心理

第五章

严禁员工岗位疲劳作业

安全漫画

——精神充沛保安全，疲劳操作险无边

——全神贯注差错少，马虎大意事故多

安全禁令精讲

作业人员在工作中表现出来的疲劳与精神“不注意”等非适宜的心理状态会降低自身对危险的警惕性和反应能力，以致出现违章作业的情况，从而导致各种安全事故的发生。

1. 疲劳状态

疲劳是一种非常复杂的生理和心理现象，它并非由单一的、明确的因素构成。一般来说，在生产过程中，作业人员产生的疲劳感是对于疲劳的主观体验，而作业效率下降是疲劳的客观反映，疲劳给员工带来很多安全隐患。

图5—1所列的内容是作业人员作业时产生疲劳的五大因素。

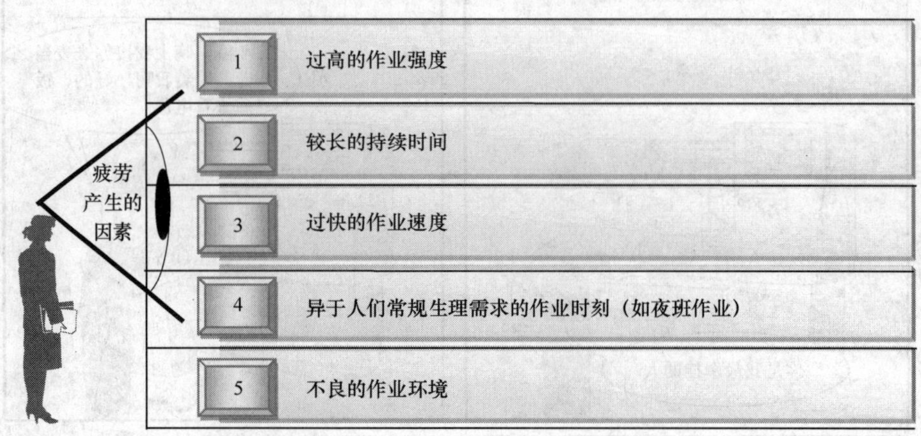

图5—1　疲劳产生的因素

在班组作业中，大多数作业人员均长时间从事体力工作。这样的工作性质会不可避免地让作业人员的身体出现疲劳状态，包括智力疲劳、身体疲劳、精神疲劳等，从而使作业人员的物理运动能力、分析判断能力、紧急情况应变能力等下降。

所以，班组长及其他现场指挥人员应对疲劳产生的原因进行充分的了解，应对班组成员的作业性质进行充分的分析，掌握班组作业人员疲劳状态的产生规律，以便采取相应的调节措施和监控办法，避免因疲劳作业产生事故。

一般来说，消除作业人员疲劳状态的具体措施有以下五方面，具体如图5—2所示。

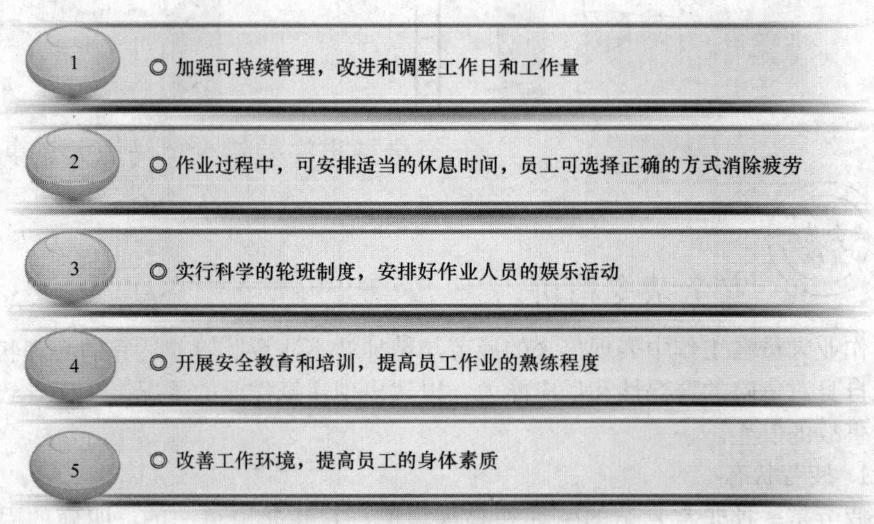

图5—2　消除疲劳状态的具体措施

2. 精神“不注意”

许多事故是由于作业人员的“不注意”造成的，这些“不注意”情况并不是个别员工特有的，它可能发生在任何员工身上。

“不注意”的心理不是以一种形式单独表现的，它往往与员工的“注意”状态同时发生，即员工在班组作业过程中保持“注意”状态的同时很容易发生注意力的转移，如思考其他事情或走神。当这种状态恰好遇到关键性操作步骤时，就有可能出现操作失误，从而酿成无法挽回的事故。

因此，班组长在进行安全管理的过程中不能只监管部分员工，对于那些从不违章和从未发生事故的员工也应当予以留意。如果发现其在作业过程中出现这种“不注意”的状态，要及时给予提醒，进而保证班组作业的安全。

安全案例细说

疲劳作业易引发安全事故，这已经是基本的安全常识。但在班组作业过程中因为疲劳而引发的安全事故却依然屡有发生。

疲劳作业引起的事故很多，主要是由睡眠不足、反应和动作迟钝、疲劳心理、疲劳与机械化程度等引起的。疲劳作业引起的事故多发生在夜班或长时间未得到休息、疲劳过度后感官敏感度有所下降、疲劳造成心绪不宁与心不在焉时。

以下是疲劳作业引起的安全事故案例。

事故经过：

2012年8月，某船舶修造厂职工张某同该厂班组长王某，职工刘某、王某等一起在一艘新货船车间作业。在进行船头内部焊接作业时，张某通过工作梯从上部进入船头内部，刚到达下部，不慎踩空摔倒，手中的电焊钳落到其胸口。在场的其他职工发现后，立即从他胸口移开电焊钳，将他从船头内部抬出，放在门板上进行急救，并拨打120急救电话，张某被送往医院抢救，但经救治无效死亡。

事故调查：

经调查得知，张某在前一天晚上与几个朋友通宵打牌，第二天没有休息就上岗作业，再加上当天天气炎热，工作场所防暑降温条件差，造成人员极度疲劳，摔倒后，电焊钳落在胸口，电击致亡。

工作之余进行适当的娱乐活动是可以的，但因休息不够而影响了工作则是不应该的。在现代班组作业中，许多作业本身存在着危险，作业时如果没有精神，注意力不集中，很可能会影响工作质量，甚至可能引发严重的事故，造成不可挽回的后果。因此，禁止带着疲惫的身体进行班组作业。

再看下面关于精神不集中而引起事故的案例。

事故经过：

2012年7月，在某矿厂运输斜井，由于绞车操作工开车时精神不集中，再加上过卷开关的失灵，矿车向前冲了一段距离，撞到了天轮架上，此时挡车的角铁冲落到天轮架上，砸在正在进行测量工作的一名技术员的头上，使其当场死亡。

事故分析：

经调查分析，引起这起事故的原因如下：

1．绞车操作工上岗精神不集中。

2．绞车保护装置失灵。

大量事故案例表明，疲劳、注意力不集中是导致事故发生的重要原因。企业如何防止作业人员疲劳作业是生产安全管理人员解决的首要问题。

禁止作业人员疲劳作业和精神不集中作业的措施是多方面的，如改善作业内容、作业强度、作业性质、作业方式、作业时间、作业环境条件、管理体制和管理方法等。然而，最有效、简单的措施则是科学地安排作业和休息，降低由生理疲劳和心理疲劳引发的不安全行为。

安全经典语录

- 全神贯注差错少，马虎大意事故多。
- 苍蝇不叮无缝蛋，事故专找大意人。
- 上岗安全忘一旁，好比身后藏只狼。
- 小心无大错，粗心铸大过。
- 只要上岗，集中思想。
- 粗心大意是事故的温床，马虎是安全航道的暗礁。

安全操作工具

疲劳作业带来的危害是巨大的，因此，企业必须制定相关的管理规定加以整治。避免疲劳作业的相关管理规定的示范如下。

<table>
<tr><td rowspan="2">制度名称</td><td colspan="3" rowspan="2">避免疲劳作业管理规定</td><td>受控状态</td><td></td></tr>
<tr><td>编　号</td><td></td></tr>
<tr><td>执行部门</td><td></td><td>监督部门</td><td></td><td>编修部门</td><td></td></tr>
<tr><td colspan="6">第 1 条　目的
为了保证员工有充分的时间休息，维护员工的利益，避免因疲劳作业导致安全生产事故的发生，根据国家有关法律、法规，结合公司实际生产状况，特制定本规定。
第 2 条　适用范围
本规定适用于所有岗位的作业人员，特别是特殊岗位、高危岗位作业人员应严格遵守，严禁疲劳作业。如遇特殊情况，生产管理人员可安排人员替换作业。
第 3 条　在大规模作业时，确实需要员工加班作业的，除正常支付加班费外，在作业过程中应采用替换作业的方式。
第 4 条　对因特殊原因超出规定班次连续作业的员工，只要员工本人提出休息的请求，必须无条件安排员工就地休息，休息时间应根据作业项目及员工的身体状况而定。
第 5 条　在日常生产中，由于生产、技术、设备骨干人员自身不可替代的原因，发生加班加点疲劳作业现象，应根据个人身体状况，合理安排休息时间，不得以任何理由阻止员工休息。
第 6 条　对连续工作时间较长、超限作业的员工，应采取措施责令员工就地休息，保证安全生产。
第 7 条　对违反管理规定，强制要求员工长时间作业，阻碍员工休息的行为，将对第一责任人予以处罚。
第 8 条　本规定由公司安全部门负责制定、修改和解释。
第 9 条　本规定经有关领导审批后，自公布之日起开始施行。</td></tr>
<tr><td rowspan="3">修订记录</td><td>修订标记</td><td>修订处数</td><td>修订日期</td><td>修订执行人</td><td>审批签字</td></tr>
<tr><td></td><td></td><td></td><td></td><td></td></tr>
<tr><td></td><td></td><td></td><td></td><td></td></tr>
</table>

安全知识竞答

1. ________时，不应进行班组作业。

2. ________、________、________时，不应在高架车平台内睡觉。

3. 产生疲劳的原因有哪些?

4. 作业者在疲劳状态下继续作业，可能立即发生的直接后果是________、________，并且会使作业者作业后的疲劳恢复期延长。

5. 疲劳按产生的原因，可分为________和________。

---

1. 答案：身体过度疲劳

2. 答案：工作间隙　工作时　疲劳时

3. 答案：超过生理负荷的激烈动作和持久的体力和脑力劳动、作业环境不良、机器设计不当、单调乏味的工作、不良的精神因素、肌体状况不良以及长期劳逸安排不当等生理、心理因素及管理方面的因素等。

4. 答案：工作效率降低　事故率上升

5. 答案：心理性疲劳　全身性疲劳

第六章

严禁员工脱岗、串岗作业

安全漫画

安全禁令精讲

脱岗是指未经允许就在工作时间离开工作岗位，或在自己的岗位上未尽到工作职责，从而影响工作效率或造成事故的行为。

串岗是指在正常的工作时间，无故离开自己的工作岗位或到其他人员的工作岗位，从事与自己岗位无关的活动，从而影响自己与别人的工作效率的行为。

根据目前生产企业的实际情况，脱岗的基本形式主要包括以下几种，如图6—1所示。

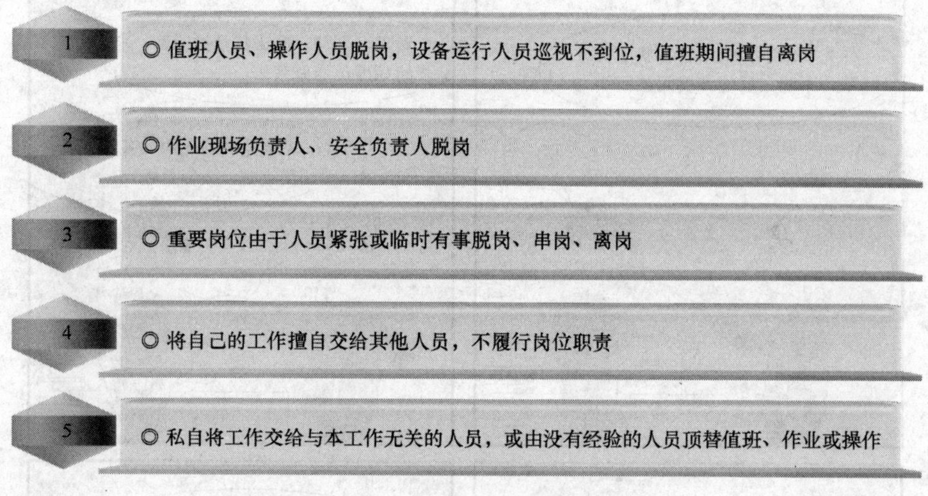

图6—1　脱岗的基本形式

在生产企业中，作业人员脱岗、串岗所带来的后果是十分严重的，轻则会使班组作业不能有序地完成，耽误生产的进度；重则会危及到作业人员的人身安全，造成企业的经济损失。一般情况下，脱岗、串岗所带来的风险主要包括五方面，如图6—2所示。

在班组作业中，脱岗、串岗作业行为经常发生，为了避免员工因脱岗、串岗而带来严重后果，企业应加强监督力度，严明工作纪律，严禁员工出现脱岗、串岗作业的现象，及时、有效、有序地对此行为进行整治，对有此行为者追究其责任，具体的措施如图6—3所示。

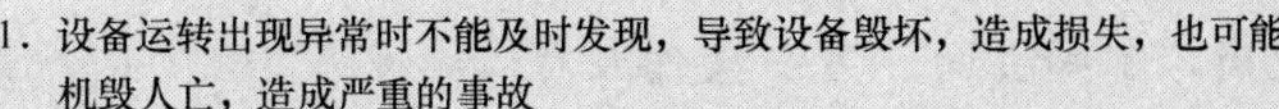

1．设备运转出现异常时不能及时发现，导致设备毁坏，造成损失，也可能机毁人亡，造成严重的事故

2．关键岗位缺岗、空岗，造成事故扩大

3．紧急情况下临时到岗，可能因意识模糊而操作失误，造成事故的扩大

4．检修作业人员不在岗，监管不到位，造成事故的发生

5．现场负责人脱岗、串岗、离岗，造成紧急情况下无人指挥，错失最佳的挽救时机

图 6—2　脱岗、串岗的主要风险

措施1
◎ 提高作业人员的岗位安全责任意识和岗位敬业意识
◎ 组织开展作业人员安全责任的相关培训，提高员工素质

措施2
◎ 脱岗、串岗情况发生时，班组成员之间要相互提醒、相互监督
◎ 员工要加强休息，提高精力，防止睡岗现象的发生

措施3
◎ 车间主任、班组长对此类行为要加强监督，管理到位
◎ 班前会认真强调脱岗、串岗行为的危害，杜绝此类现象在上岗后发生

措施4
◎ 检查小组加强查岗力度，如发现脱岗、串岗现象，立即命令该岗位人员回到岗位。如果找不到人时，要立刻通知车间负责人或其他人员顶替

措施5
◎ 企业应完善相关的纪律管理制度，强化考核
◎ 对脱岗、串岗现象视而不见、不教育、不提醒的，追究该相关人员的责任

图 6—3　防止脱岗、串岗现象的具体措施

安全案例细说

某炼铁厂因控制室人员脱岗，造成了检修人员 1 死 5 伤的重大事故。

一天，某炼铁厂的高炉在生产运行，高炉水冲渣控制室张某和新上岗的操作人员王某值班。下午 2 时左右，炉前工通知控制室内值班操作人员放渣已经结束，要求停止冲渣泵作业。

此时，冲渣控制室内值班的操作人员张某脱岗，不知去向。另一操作人员王某接到通知后，在操作不熟练的情况下，将冲渣泵停下。

这盲目、蛮干的操作，造成地下储水池内产生了82℃的高温水，高温水沿着管道向过滤池上翻腾。此时，检修小组正在冲渣控制室的滤池内作业。这时，检查小组刘某发觉钢板下情况异常，蒸汽直往上冒，便快速前往冲渣控制室通知停泵。

刘某跑到冲渣控制室，对王某大声说："快停泵，滤池返水了。"听说滤池返水，王某心里有点紧张，但是嘴里哼着："没事儿，没事儿，水马上就下去。"

由于紧张，王某到控制台前，胡乱按下两个控制钮，就把刘某打发走了。实际上，王某根本没找到控制返水的过滤阀位置，无意中按下了返洗阀，加大了返水量。

刘某还没回到滤池边，就见另一名检修人员跑来，边跑边喊："水没退，都没脚脖了，快去停泵。"这时，王某听说水没退下去，急得不知所措，也找不到断水的阀门，转身跑出冲渣控制室，四处寻找擅自脱岗的张某。当王某跑回操作室，已过去很长时间，造成了1死5伤的严重后果。

事故发生后，事故调查小组对事故现场进行调查和分析，查明冲渣控制室机械设备和电气设备运转正常，造成事故的主要原因是操作人员擅自脱岗，新上岗的操作人员在没有熟练掌握操作技能的情况下，盲目地进行操作，造成事故的发生。

这起事故让我们吸取了深刻的教训：在生产过程中，任何盲目的行为都可能造成严重的人员伤亡和财产损失。

安全经典语录

- 脱岗睡岗，危害不小。
- 违章蛮干铸成终身遗憾，遵章守纪伴你一生平安。
- 按章操作设备，时刻注意安全。
- 唠唠叨叨为你好，千叮万嘱事故少。
- 工作之中守纪律，万勿违章和违纪。

■ 作业之中忌嬉闹，分散精力事故冒。
■ 要你遵章为你好，不该反感发牢骚。

安全操作工具

为了减少企业脱岗、串岗等行为，企业要制定相关的管理制度，杜绝因违反纪律而发生的安全事故。作业人员脱岗、串岗管理制度示范如下。

<table>
<tr><td rowspan="2">文案名称</td><td colspan="3" rowspan="2">作业人员脱岗、串岗管理制度</td><td>受控状态</td><td></td></tr>
<tr><td>编　　号</td><td></td></tr>
<tr><td>执行部门</td><td></td><td>监督部门</td><td></td><td>编修部门</td><td></td></tr>
<tr><td colspan="6">第 1 条　目的
为了有效地避免作业人员在上岗时间脱岗、串岗现象，规范作业人员的行为，做好各自的本职工作，提高工作效率，根据相关制度和考核规定，特制定本管理制度。
第 2 条　适用范围
本制度适用于公司全体工作人员。
第 3 条　公司成立岗位考核监督检查小组，小组由 3～5 人组成。其中主要的职责如下：
1. 每天对登记出勤的人员进行脱岗、串岗检查，检查相关人员是否离岗。
2. 监督检查小组每天对出勤人员进行不定期检查，最少检查两次以上，并将检查情况进行登记说明。
第 4 条　所有作业人员必须坚守工作岗位，在上班期间任何人不能脱离工作岗位。
第 5 条　如作业人员需要离开工作岗位的，必须向班组长申请并领取“离岗证”，否则视为脱岗。
第 6 条　如作业人员需要离开本车间的，必须经过所属部门经理（主管）同意，否则视为脱岗。
第 7 条　作业人员离开岗位时间超过 10 分钟、低于 30 分钟的，则按照请假 30 分钟办理，但是每人每班只限一次。
第 8 条　作业人员离岗时需要佩戴“离岗证”。
第 9 条　作业人员佩戴“离岗证”的，视为正常离岗，否则按照脱岗处理。
第 10 条　经监督检查小组发现，作业人员上班时间脱岗一次，给予警告处分；发现两次脱岗，给予罚款____元/次的通报处罚；发现三次以上脱岗（包括三次），扣除出勤工资____元，并扣除当月绩效工资的____%。
第 11 条　本规定由公司人力资源部负责制定、修改和解释。
第 12 条　本规定经有关领导审批后，自公布之日起开始施行。</td></tr>
<tr><td rowspan="3">修订记录</td><td>修订标记</td><td>修订处数</td><td>修订日期</td><td>修订执行人</td><td>审批签字</td></tr>
<tr><td></td><td></td><td></td><td></td><td></td></tr>
<tr><td></td><td></td><td></td><td></td><td></td></tr>
</table>

以下是某施工企业为了保证施工现场作业安全所制定的施工人员的安全生产纪律承诺书，仅供参考。

<table>
<tr><td rowspan="2">方案名称</td><td colspan="3" rowspan="2">施工人员安全生产纪律承诺书</td><td>执行部门</td><td></td></tr>
<tr><td>编　　号</td><td></td></tr>
<tr><td>执行部门</td><td></td><td>监督部门</td><td></td><td>编修部门</td><td></td></tr>
<tr><td colspan="6">我已明确了解《安全生产法》《建设工程安全生产管理条例》等国家法律、法规赋予我在安全生产上的权利和义务。为了个人的安全健康、家庭的幸福美满以及企业的稳定发展，本人郑重承诺，在工作中认真严格遵守和履行我的义务，并同时承诺遵守下列事项，若有违犯，愿接受相应的处罚。
1. 树立“安全第一”的思想，对本单位安全事务负有义不容辞的责任。
2. 在施工现场内，按规定戴好安全帽，并系好安全带，绝对不使用已损坏的安全帽。
3. 遵守作业区的管理规定，未经允许，绝不脱岗、串岗、离岗。
4. 在高处设施上作业时，绝不在不稳定或无防护设施的材料、设备、装置上进行作业。
5. 绝不在没有防护措施的同一部位进行上下交叉作业。
6. 绝不在工作过程中采取跳跃、翻越等不安全的方式前行或从高处跳到地面上。
7. 定期维护、保养所使用电器设备，绝不私自乱接电源插座。
8. 未经主管许可，绝不接近吊车吊运范围及作业车辆、机具的作业半径。
9. 遵照施工机械设备上标识牌所示的安全注意事项办理。
10. 在水池、井下等封闭空间内作业时，按照要求戴好呼吸防护用品。
11. 绝不从高处抛掷材料、工具、垃圾等一切物资。
12. 从规定的出入口进出工地，绝不将出入证借给他人使用。
13. 绝不在工地规定的区域内吸烟，绝不随意动用消防灭火器材。
14. 绝不参与打架闹事、吸毒、赌博、嫖娼等违法活动。
15. 未经主管批准，绝不拆除护栏、安全网、安全绳索、警示牌、漏电保护装置等安全防护装置。
16. 绝不在工作时嬉笑、玩耍、打闹，并保证不酒后作业。
17. 绝对遵守公司以及本项目经理部制定的安全生产、职业健康卫生的规定。
注：本表一式两份，由承诺人（施工人员）阅读或由项目经理部口述。承诺人同意签字后，第一联由公司存档备查，第二联交给承诺人。

承诺人：
承诺日期：　　年　月　日</td></tr>
</table>

修订记录	修订标记	修订处数	修订日期	修订执行人	审批签字

安全知识竞答

1. 上岗作业人员应严禁________、________、________、________、________。

2. 作业工序标准化内容主要包括正确使用生产设备和工具、遵章守纪。杜绝“三违”，坚守岗位，________，________。

3. 班组建设标准化，对员工劳动纪律和考勤有什么要求？

4. 对安全防范服务的要求，以下叙述不正确的是（　　）。

A. 执勤中认真履行职责，不脱岗，不做与工作无关的事情

B. 办事高效，坚持原则，礼貌待人

C. 执勤时整洁着装、佩戴工牌号

D. 观察细致，反应迅速，按照有关规定及时发现、处理各种事故隐患及突发事件

---

1. 答案： 喝酒　吸烟　饮食　闲谈　使用手机

2. 答案： 不串岗　不脱岗

3. 答案：

（1）不迟到早退，准时上下班。

（2）不在生产和公共场所吸烟。

（3）不酒后上班，不做与工作无关的事。

（4）不擅离职守，不脱岗、串岗、睡岗，如需离开应向主管人员请假。

（5）不在工作场所大声喧哗、嬉笑打闹。

（6）按规定着装，并佩戴胸卡。

（7）上下班应及时刷卡签到。

4. 答案： A. 执勤中认真履行职责，不脱岗，不做与工作无关的事情

第七章

严禁作业操作错误

安全漫画

——操作规程就是法，谁不守法谁受罚

安全禁令精讲

为了避免作业人员在作业过程中出现操作错误的情况，企业应制定相应的作业操作规程，指导作业人员进行规范作业。

作业操作规程是为了保证生产过程质量而制定的，是保证班组作业过程质量的基础文件，为开展纯技术性质量活动提供指导。

作业操作规程包括工厂作业操作的各种规范，如规章、规定、规则、要领等，作业人员据此进行作业。作业人员应做到图 7—1 所示的八方面的工作。

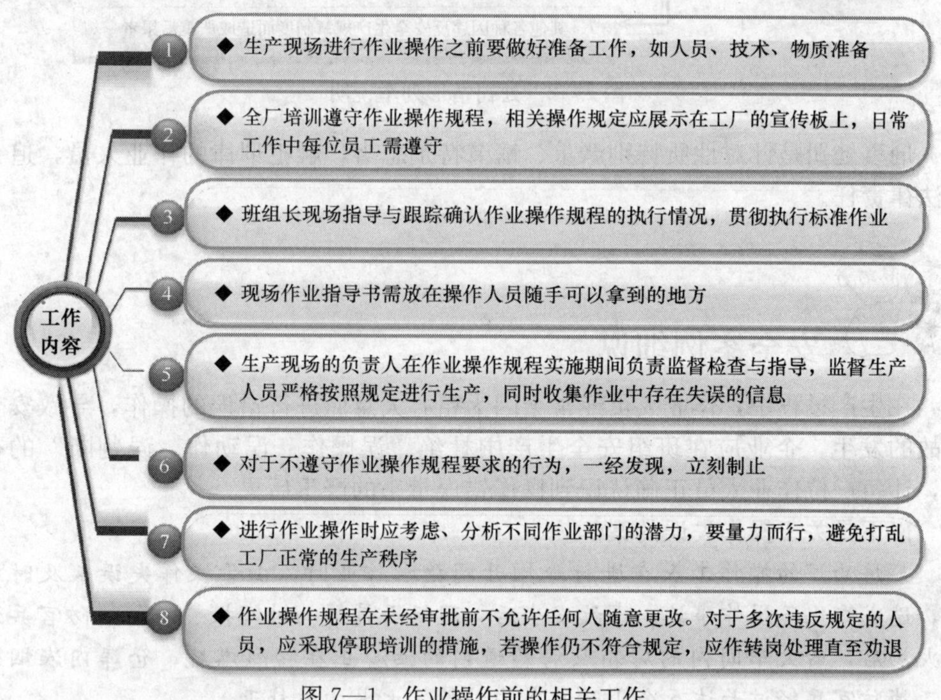

图 7—1　作业操作前的相关工作

班组作业人员必须严格遵守各项安全操作规程，防止发生事故和职业病危害。否则，将对其进行处罚，处罚的情形有七类，如图 7—2 所示。

企业对于作业操作错误的作业人员的处罚主要包括经济处罚、行政处罚和刑事处罚三种方式。

经济处罚是根据危害程度、损失情况和责任大小，对作业人员进行罚款、降低工资、扣除奖金等处罚。经济处罚由安全主管提出，报生产部部长批准后执行。

行政处罚是根据危害程度、损失情况和责任大小，对作业人员进行警告、辞退警告、降职、降级、留用查看、辞退、开除等处罚。行政处罚由安全生产委员会提出，按工厂有关规定并参照任命程序，报有关领导批准后执行。

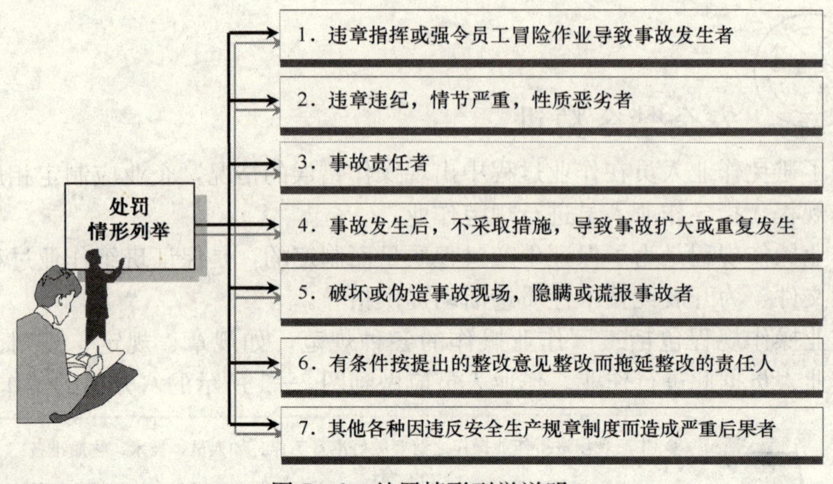

图 7—2　处罚情形列举说明

刑事处罚是针对性质特别严重、情节特别恶劣，触犯刑律的作业人员，追究其法律责任。

安全案例细说

在生产过程中，作业人员经常会因为粗心大意而进行错误的操作，导致安全事故的发生。企业应在班组安全生产中杜绝“误操作、误动作、误判断”的行为，让每一位作业人员正确认识到操作错误带来的严重后果。

以下是关于操作失误的案例。

某炼油厂的操作工人在进行球罐开阀放水作业时，由于操作失误未及时纠正，造成液化气爆炸事故。事故发生后，现场人员第一时间报警。待消防官兵到达火场后，着火车间内的烤箱及烤箱道内的油漆正在猛烈燃烧，仓库内浓烟弥漫。消防官兵经过长达 5 个小时的奋力扑救，大火才被扑灭。

事后，在场人员对事情的经过进行了叙述。

“真是吓人，连续听到爆炸声，火势太大了，灭火器根本不管用，于是大家一边报警一边撤出车间了”。

8 日 15 时，操作工人王某在班组长张某的监护下，进行球罐开阀放水。由于王某不按照操作程序工作，致使液化气与水一起排出。

10 分钟后，安全员李某发现车间有异味，当即向班组长张某询问，班组长说没有问题。经过 15 分钟后，操作人员王某关闭脱水阀时，液化气已经向外溢出。

约 40 分钟后，安全员李某觉得有问题，再次向班组长张某询问，班组长还是回答“没有问题”。约 15 分钟以后，通过污水池扩散到外面的液化气与明火相遇，发生爆炸。在连续的爆炸声后，车间陷入一片火海。

经事故调查分析可知，这是一起由违章操作、缺乏监管、管理混乱引起的重大责任事故。操作工人王某在放水时，应将进口阀与出口阀切换开关，可是操作时阀门却全部打开，操作程序严重失误。另外，班组长张某在接到安全员报告后麻痹大意，敷衍了事。

这起事故造成了严重的人员伤亡和经济损失。其中，大火将车间全部焚烧，直接经济损失上百万元。另外，这起事故造成现场作业人员 25 人死亡、6 人烧伤，其中还包括消防人员。

从这起事故发生的过程来看，操作失误的操作人员负主要责任。另外，炼油厂车间班组长也要负管理失职的责任。

因此，企业应强调作业人员操作的规范性、正确性，增强作业人员的安全意识、责任意识。作业操作存在失误的，要及时解决和改正，并对作业操作屡次失误的人员进行严格的教育和严厉的惩处，避免留有事故隐患。

安全经典语录

■ 精心操作细检查，消灭事故在萌芽。

■ 遵章守法细操作，落实就在每一天。

■ 按章操作莫乱改，合理建议提出来。

■ 违章操作时时险，遵规守法处处安。

■ 操作规程就是法，谁不守法谁受罚。

■ 流程切换想一想，操作规程切莫忘。

安全操作工具

电工指安装、保养、操作或修理电气设备，保证电气装置（如电动机、开关或配电盘）正常运行的技术工人。电工必须持证上岗，同时应遵守下列安全操作规程。

<table>
<tr><td rowspan="2">制度名称</td><td colspan="3" rowspan="2">电工安全操作规程</td><td>受控状态</td><td></td></tr>
<tr><td>编　　号</td><td></td></tr>
<tr><td>执行部门</td><td></td><td>监督部门</td><td></td><td>编修部门</td><td></td></tr>
<tr><td colspan="6">1. 工作前应详细检查自己所用工具是否安全可靠，穿戴好必须的防护用品。
2. 正确使用电工工具，所有绝缘工具应妥善保管，严禁它用，并应定期检查、校验。
3. 电器线路在未经测电笔确定无电前，应一律视为“有电”，不可用手直接触摸。
4. 工作中，所有拆除的带电线头要包好，以防发生触电。
5. 当有高于人体安全电压存在时，应严禁进行带电维修作业。
6. 严禁单独进行电气检修、维修作业及其他危险工作。
7. 停电时应先断开空气断路器，后断开隔离开关；送电时与上述操作顺序相反。
8. 在检修工作时，必须先停电验电，留人看守或挂警告牌，在有可能触及的带电部分加装临时遮栏或防护罩，然后验电、放电、封地。验电时必须保证验电设备的良好。
9. 检修结束后，应认真清理现场，检查携带工具有无丢失，封地线是否拆除，短接线、临时线是否拆除，遮栏是否拆除等。应通知工作人员撤离现场，取下警告牌，按送电顺序送电。
10. 发生火警时，应立即切断电源，用四氯化碳粉质灭火器或黄砂扑救，严禁用水扑救。
11. 高处作业时，必须系好安全带。</td></tr>
</table>

修订记录	修订标记	修订处数	修订日期	修订执行人	审批签字

下面是违反作业操作程序的相关处罚条例，供读者参考。

<table>
<tr><td rowspan="2">制度名称</td><td colspan="3" rowspan="2">违规操作程序处罚条例</td><td>受控状态</td><td></td></tr>
<tr><td>编　　号</td><td></td></tr>
<tr><td>执行部门</td><td></td><td>监督部门</td><td></td><td>编修部门</td><td></td></tr>
<tr><td colspan="6">第 1 条　上班必须穿戴和使用劳动防护用品、佩戴工牌，违法乱纪者每次罚款 10 元，涂改、遗失号牌者罚款 10 元。
第 2 条　严禁跨越或靠坐任何机械部位；严禁随意拆除、挪动设备；严禁擅自拆装一切电器设施和变压器、开关箱；新安装的各种设备未经测试、试转，不得擅自开动。违者每次罚款 20 元。
第 3 条　严禁擅自动用各类消防器材，或在消防设施附近堆放其他物资，违者每次罚款 20 元。
第 4 条　不得在生产区内随意使用临时电线。如果急需使用，须经主管人员批准，并由电工接电，用后应及时按期限拆除。违者每次罚款 20 元。
第 5 条　各车间卫生由各车间负责打扫，设备、桌凳及半成品要摆放整齐。打扫不干净，每次对车间罚款 30 元，对清洁工罚款 10 元。
第 6 条　生产车间内严禁吸烟，违者每次罚款 10 元。造成危害者，追究其经济、行政及刑事责任。
第 7 条　操作机器要切实做到人离关机，违者每次罚款 20 元。
第 8 条　中午、下午和夜班下班后，各车间负责人负责关好门窗，锁好车间大门，关闭总电源。违者每次对车间主任罚款 50 元。
第 9 条　本条例由生产部拟定，经总经理批准后实施。
第 10 条　本条例自颁布之日起实施。</td></tr>
</table>

修订记录	修订标记	修订处数	修订日期	修订执行人	审批签字

安全知识竞答

1. 作业工作流程中的上岗条件有哪些？

2. 什么是安全操作程序？

3. 生产的三大规程是什么？

4. 作业人员不服管理、违反规章制度和操作规程冒险作业造成重大伤亡事故或者其他严重后果，构成犯罪的，依照刑法有关规定追究________。

5. 作业工作流程中的交班内容的“五不交”为________、________、________、________、________。

6. 操作失误的具体表现有哪几个方面？

---

1. 答案：必须穿戴防护用品，必须持证上岗，禁止酒后上岗，禁止疲劳上岗，禁止带火种，会使用应急器材，会检测，会报警，会现场急救，会逃生。

2. 答案：安全操作程序是为了保证安全生产而制定的、操作者必须遵守的操作活动规则。它是根据企业的生产性质、机器设备的特点和技术要求，结合具体情况及群众经验制定的，是企业建立安全制度的基本文件，是安全教育的重要内容，也是处理伤亡事故的一种依据。

3. 答案：安全规程、作业规程和安全技术操作规程。

4. 答案：刑事责任

5. 答案：任务未完成不交　资料有差错不交　危险未受控不交　运行不正常不交　卫生不清洁不交

6. 答案：未经允许开动、关停、移动机器；开动、关停机器时未给信号；开关未锁紧，造成意外转动、通电或泄漏等；在机器运转时进行加油、修理、检查、调整、焊接、清扫等工作；忘记关闭设备，任意开动已查封或非本工种的设备；超限使用设备、酒后作业；作业时有分散注意力的行为；禁火区擅自动用明火或吸烟；非特种作业者从事特种作业等。

第八章

严禁手工代替工具操作

安全漫画

——不可用手瞎操作，安全第一不能忘

安全禁令精讲

在生产过程中，一些作业步骤是禁止用手工来代替工具操作的。因此，作业人员应正确使用工具，避免因工具使用不当或用手代替工具操作而带来的严重后果。用手代替工具操作，造成的手部伤害有以下几种类型，如图 8—1 所示。

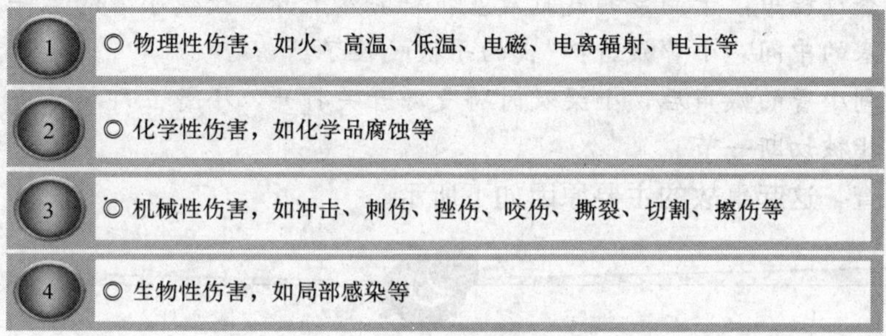

图 8—1　手部伤害的类型

班组作业人员除了要清楚地了解用手代替工具操作的危害以外，还应掌握工具的正确使用方法，以及在使用工具时需要注意的事项。具体的注意事项如下。

1. 使用过程中，工具应装在工具袋、工具箱或工具车内，以防受潮和损坏。

2. 未经试验或试验不合格的生产工具应严禁使用，并不得放入生产工具仓库，以防误用。

3. 生产工具在使用前，使用人必须对外观进行详细检查。

4. 对生产工具的性能可靠性有怀疑时，应认真检查或做必要的试验。

5. 使用接地线的工具，在使用前，应检查无散股、接地线螺钉紧固后，方可使用。

6. 使用生产工具后应对其进行整理，并及时放回原位，禁止乱拿乱放。

7. 作业人员应协助安全专员每月对生产工具的外观进行定期检查，并做好记录。

8. 生产工具损坏时，应立即上报班组负责人，以旧换新，不得私自报废。

安全案例细说

机械作业存在一定危险，但是有些使用人员对此不重视，认为自己有一定的工作经验，将操作规程和要求抛在脑后，结果造成了不可挽回的恶果。下面的两

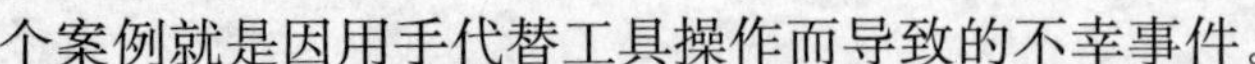

个案例就是因用手代替工具操作而导致的不幸事件。

以下是一起因手工代替工具操作而造成手指切断的事故案例。

小梁是一名某工厂车间的班组长，一天，他与小张一起给轴承箱打干油，在操作过程中，小张发现气动干油泵出现不出油现象，就告诉小梁说：“气动干油泵不出油了。”

小梁听到后，派另一个作业人员小曹去检查存在的问题。经检查，小曹怀疑是干油泵缸筒堵塞，随后便把干油泵气源总开关关闭，对干油泵的缸筒及活塞进行检查。

在检查过程中，干油泵的气缸活塞拉杆突然上升，致使小曹的右手被挤压在缸筒与活塞的中间。小曹喊道：“我的手被咬住了。”

在听到小曹的喊声后，小梁及时将气源开关打开，小曹立即将右手拽出，发现右手中指被切断一节。

经调查，这起事故的主要原因如下所示。

1. 小曹的安全意识不强，干油泵出现故障时，本应用工具检查缸筒与活塞，但他却用手直接触摸，造成右手中指被切断，这是造成事故的直接原因。
2. 气动干油泵设备本身存在设计缺陷，缺少气、水分离器，而且气源管路存在冻冰堵塞现象，致使管路存在余压，这是导致事故发生的原因之一。

再来看下面一则案例。

某工厂职工小张正在进行塑料粉碎作业。塑料粉碎机的入料口是非常危险的部位，按规定，在作业中必须使用木棒将原料塞入料口，严禁用手直接填塞原料。但小张在用了一会儿木棒后，嫌麻烦，就用手去塞料。

以前他也多次用手操作，没出过事，所以他认为用不用木棒都无所谓。但这次，当小张用手去塞料的时候，左手突然被卷入粉碎机的入料口，手指被削掉了。

通过上面的案例可以了解到，手工代替工具操作是十分危险的，企业应严禁此种违章行为，加强作业人员对使用设备过程中存在安全隐患的认识。另外，作业人员在操作过程中，应正确使用专用工具，严禁用手代替工具。

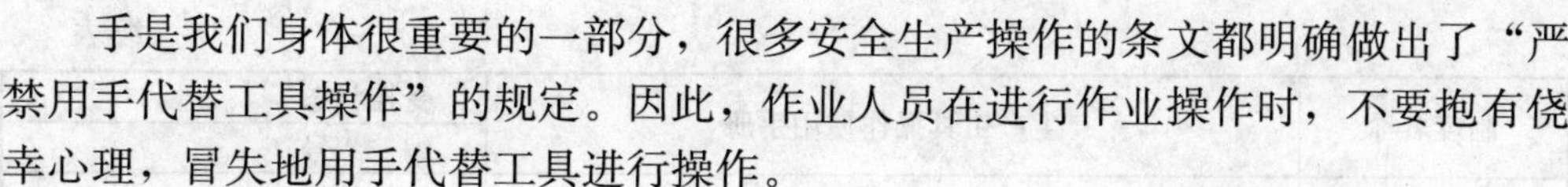

手是我们身体很重要的一部分，很多安全生产操作的条文都明确做出了“严禁用手代替工具操作”的规定。因此，作业人员在进行作业操作时，不要抱有侥幸心理，冒失地用手代替工具进行操作。

安全经典语录

■ 事故源于违章，违章酿成事故。

■ 违章作业是祸根，事故悔恨教训深。

■ 安全第一忘不得，违章作业干不得。

■ 学规范、用规范，依规范指导工作环节；讲安全、抓安全，把安全贯穿生产始终。

■ 手伤脚残全是违章惹的祸，腿折臂断皆因侥幸遭的罪。

■ 习惯性违章如虎似狼，一时侥幸迟早遭殃。

安全操作工具

为保证生产工具的正确使用及有效管理，避免手工代替工具操作的现象发生，作业人员在使用生产工具进行作业时，应参考操作使用手册。

制度名称	生产工具操作使用手册			受控状态	
				编　　号	
执行部门		监督部门		编修部门	

第 1 章　总　　则

第 1 条　目的

为了规范作业人员对生产工具的使用方法，提高作业人员使用生产工具的技巧，减少不必要的损耗，结合公司的实际情况，特制定本手册。

第 2 条　适用范围

本手册适用于公司各生产车间班组。

第 3 条　术语解释

生产工具是指班组作业过程中使用的工具和器具，主要包括偏口钳、夹嘴钳、电钻等。

第 2 章　偏口钳的使用规定

第 4 条　用途

1. 剪切能力：软铁丝 1.6 毫米，软铜丝 0.2～2.0 毫米。

2. 该工具设有开口限制功能，以防止张开过大导致的弹簧脱落。

第 5 条　使用方法

1. 使用人员右手握偏口钳的手柄，左手捏住元器件的管脚，刀口伸入被剪管脚的部位剪切即可。

2. 用于剪断导线或其他较小的金属、塑料等，可与尖嘴钳合用，剥去导线的绝缘皮。

续表

制度名称	生产工具操作使用手册			受控状态	
				编　　号	
执行部门		监督部门		编修部门	

3. 为了保证钳口锐利，延长工具的使用寿命，不可用其剪切较硬、较粗的金属物件或用来夹持东西。

第6条　注意事项及处理措施

1. 飞溅的断引脚可能打伤眼睛，建议佩戴护目眼镜。
2. 剪元器件管脚时要用手捏住管脚。如果管脚太短，剪切时应避开自己和他人。
3. 手握偏口钳时，要离开旋转中心，以防夹手。
4. 不慎打伤眼睛后，不能用手揉眼睛，应尽快到医院就医。

第3章　尖嘴钳的使用规定

第7条　用途

截断能力：钉用铁丝为1.0毫米，电气用软铜线为2.0毫米。

第8条　使用方法

1. 头部较细，适用于夹持小型金属零件、弯曲器件管脚、弯曲小直径导线。
2. 不能用于弯粗导线，以免使导线绝缘皮损伤。
3. 不能夹持螺母，以免破坏螺母防腐层。

第9条　注意事项及处理措施

1. 请勿用手直接接触刀刃尖端。
2. 请勿将其当成铁锤来使用。
3. 请勿切断超过负荷的粗丝材料。

第4章　电钻的使用规定

第10条　用途

可根据需要选用不同的钻头打不同直径的圆孔。

第11条　使用方法

1. 更换钻头时，应先确定电源插头是否拔出。
2. 电钻外壳切勿接触丙酮、苯、稀释剂、酮类、三氯乙烯等化学物品，以免遭到破坏。
3. 使用电钻应小心，操作时应将电钻握紧，以避免掉落或受到撞击。
4. 电钻应安全放置，以防止掉落到地上。
5. 电钻运转中勿启动正/反转开关，勿做不正常切换动作，以免损坏电动机，减短使用寿命。

第12条　注意事项及处理措施

1. 钻孔时双手应握紧电钻，严禁钻头与被打孔材料有倾斜角，以免钻头折断或伤及他人。
2. 禁止在有可燃性气体的环境中使用。
3. 禁止在潮湿、有腐蚀性气体、高粉尘环境中存放或使用。
4. 出现故障时，应找相关的维修人员维修，不得私自拆装。
5. 发生意外时，应尽快使电钻脱离产品，避免电钻继续旋转，造成人员受伤。

第5章　附　　则

第13条　本制度由公司安全管理部门负责制定、修改和解释。

第14条　本制度经有关领导审批后，自公布之日起开始施行。

修订记录	修订标记	修订处数	修订日期	修订执行人	审批签字

安全知识竞答

1. 为确保作业安全，作业人员在工作前应检查________、________、________到位后方可作业。

2. 作业人员必须执行的三查制度是________、________、________。

3. 拆装传动轴、飞轮、导板滑块、齿轮等零部件，在用手工盘动时，应注意________位置。

4. 什么是不安全行为？人的不安全行为有哪些？

5. 用手代替工具操作包括________、________、________。

---

1. 答案：周围环境　工具设备　防护用品

2. 答案：作业前检查个人防护用品的穿戴　所用的设备与工具是否安全可靠　作业环境的安全措施的落实情况

3. 答案：手指安放

4. 答案：不安全行为指能造成事故的人为错误。不安全行为主要有：

（1）操作失误、忽视安全、忽视警告。

（2）使用不安全设备。

（3）手工代替工具操作。

（4）在必须使用个人防护用品的作业或场合中未使用个人防护用品。

（5）未按安全操作规程要求装束上岗。

（6）易燃易爆等危险品处理错误。

5. 答案：用手代替工具　用手清除切屑　用手拿住工件进行加工，不用夹具进行固定

第九章

严禁攀爬不安全装置

安全漫画

——攀爬装置要不得，忽视安全就遭殃

安全禁令精讲

企业在安全操作规程中明确指出“禁止作业人员攀爬不安全装置”，如不准攀爬井架、脚手架等杆件，不准攀爬没有防滑措施的梯子，不准在钢梁等构件上随意行走或攀爬，不准踩踏搭建物、房屋瓦等建筑物的行为。

为了规范作业人员的作业行为，减少事故的发生，企业应识别攀爬不安全装置这类危险行为的危险因素，制定相应的预防措施。具体的危险因素及防范措施如图 9—1 所示。

攀爬井架、脚手架等杆件

◎ **危险因素**：作业人员随意攀爬脚架、井架等，造成滑跌，导致高处作业坠落事故

◎ **预防措施**：作业人员应从专用的通道上下，禁止利用其他危险装置进行攀登

攀爬没有防滑措施的梯子

◎ **危险因素**：作业人员没有检查梯子是否牢固可靠就进行登高作业，造成梯倒人亡的伤害事故

◎ **预防措施**：不准两人同时在梯子上作业；使用的梯子不得缺档，不得垫高；放置梯子的区域应足够安全；梯子底部应做好防滑措施

在钢梁等构件上随意行走或攀爬

◎ **危险因素**：钢结构吊装和安装时，作业人员经常在钢柱头、钢支撑上翻爬或行走，导致高处坠落事故的发生

◎ **预防措施**：使用挂梯或设在钢柱上的爬梯，在下方设置安全网，佩戴好安全防护用品

踩踏搭建物、房屋瓦等建筑物

◎ **危害因素**：踩空、踩翻、踩漏、踩穿建筑物屋顶，致使坠落的伤害事故

◎ **预防措施**：作业人员不得盲目踩踏瓦顶，如需踩踏，必须设置安全措施，严格遵守有关安全作业规定

图 9—1 攀爬不安全装置的危险因素及预防措施

另外，企业还可在危险区域内设置安全标志，以示警示。禁止行为主要包括跨越、攀登、跳下、入内、停留、通行、靠近等。具体的禁止事项及不安全区域如图 9—2 所示。

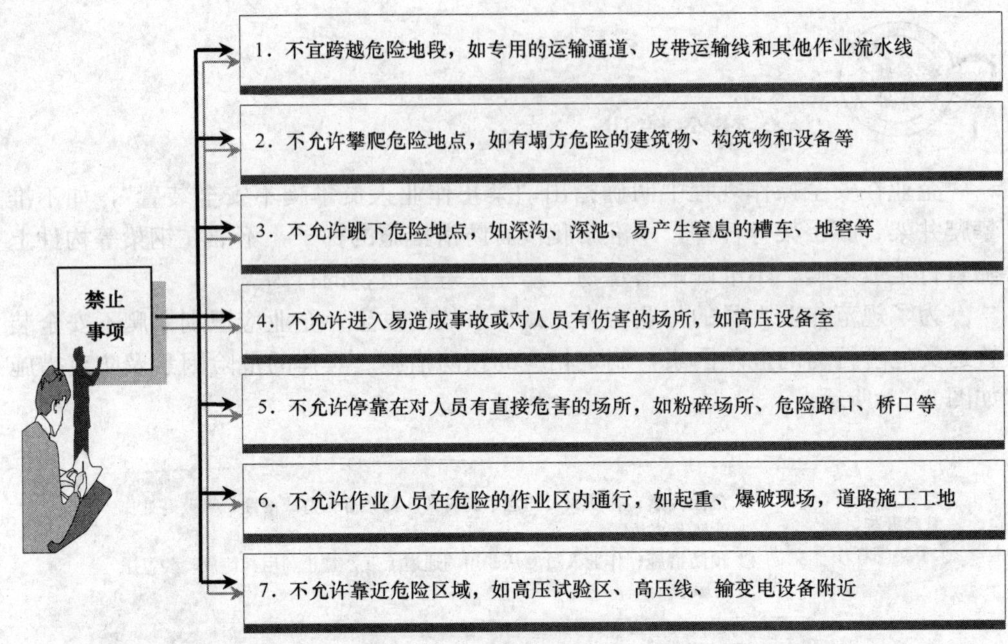

图9—2 禁止事项及不安全区域

安全案例细说

蹬溜子的严重后果

小王是一名煤矿工人，有20年的工作经验。某天，小王急着交工具升井，下班回家，习惯性地站在了刮板运输机上去拔梁上的销子。刚上去伸手拔，运输机就开动了，一下子把他拉倒，小腿夹在机头和单体的缝隙里。还没来得及喊救命，运输机又动了一下，他的腿被紧紧地卡在里面。

“救命啊！”小王大声喊着。幸运的是，控制刮板运输机的作业人员听到了他的呼救声，急忙停下运输机，才没有酿成大祸。

看着停下来的运输机，小王一下子就瘫了。此时，运输机操作人员一边帮他脱离危险一边说：“你小子，

今天算是万幸了，喊得及时，要不就完了。”小王头上冒着冷汗，脸上没了血色。

再看下面一则案例。

某施工项目钢结构工人小赵在车间屋顶铆钉时突然断电。停工后，小赵想到房间里休息，因为爬梯离施工地点较远，为了省事，小赵在没有任何安全防护措施的情况下，从彩钢瓦的空位处爬下。

当爬到车间行车轨道梁时，小赵双脚未踩稳失去重心，便顺势从高约 4 米的行车轨道梁上跳下，造成身体多处骨折。

在班组作业中，因为蹬刮板运输机、坐皮带、攀爬危险设施而引发的事故数不胜数。“严禁攀爬不安全装置”是生产企业已有的规定。但是，还是有些作业人员为了图省事，认为自己有足够的工作经验，不会出事，存在侥幸心理，这是十分危险的。

安全经典语录

■ 严禁跨越皮带，确保人身安全。

■ 登高扎好安全带，献给亲人一份爱。

■ 登高和舷外，不忘安全带。

■ 高压部件别逗留，安全常识记心头。

■ 溜子皮带，蹬坐危险；出了事故，后悔已晚。

■ 皮带切莫爬，摔下危险大。

安全操作工具

为确保作业人员的生命安全和仪器设备的运行安全，防止作业人员在班组作业时，因攀爬、踩踏不安全的设备、设施时发生安全事故，企业必须制定相应的管理办法，具体内容如下所示。

<table>
<tr><td rowspan="2">制度名称</td><td colspan="3" rowspan="2">易攀爬高处危险部位管理办法</td><td>受控状态</td><td></td></tr>
<tr><td>编　　号</td><td></td></tr>
<tr><td>执行部门</td><td></td><td>监督部门</td><td></td><td>编修部门</td><td></td></tr>
<tr><td colspan="6">第 1 章　总　　则
第 1 条　目的
为了加强易攀爬高处危险部位管理，最大限度地降低易攀爬高处危险部位的安全风险，结合作业现场的实际情况，特制定本管理办法。</td></tr>
</table>

续表

制度名称	易攀爬高处危险部位管理办法			受控状态	
				编　　号	
执行部门		监督部门		编修部门	

第2条　适用范围

本办法适用于所有的作业人员。

第3条　相关术语

本办法所称的易攀爬高处危险部位主要包括建设施工安装、维修及脚手架、起重设备，综合楼宇高层建筑物等。

第4条　责任划分

1. 易攀爬高处危险部位由所属部门负责管理，并建立易攀爬高处危险部位的管理档案，所属部门为责任部门。

2. 责任部门的负责人、安全管理专员负责了解本部门职工的健康情况。

3. 公司人力资源部及责任部门领导负责关心职工生活和心理状况，把各种矛盾化解在萌芽之中，防止职工在情绪波动期间攀爬高处危险部位。

4. 各责任部门负责人和安全管理专员重点监控易攀爬高处危险部位，保证值班情况良好，将易攀爬高处危险部位作为值班巡查重点。

第2章　易攀爬高处危险部位安全作业要求

第5条　凡精神病、恐高症及其他不适合高处作业的人员，禁止登高作业。

第6条　进出易攀爬高处危险部位要有人员登记，作业完毕后有人巡视，及时锁闭通往易攀爬高处危险部位的通道或者门窗。

第7条　易攀爬高处危险部位入口处应划为禁区，用围挡围起，并挂上“闲人免进”“禁止通行”等警示牌。

第8条　在易攀爬高处危险部位安装视频监控系统和足够的照明设施。

第9条　严禁作业人员坐在高处无遮栏处休息，严禁酒后在易攀爬高处危险部位作业。

第10条　严禁使用各种升降设备载人，下班时升降设备门必须上锁、断电。

第11条　除作业人员外，严禁其他人员接近脚手架、塔吊等设施。

第12条　不得随意在墙顶作业或通行。因工作需要必须作业或通行时，应提前做好相关的防护措施。

第13条　如果易攀爬高处危险部位发生意外事故，应及时依据公司制定的应急预案进行处置。

第3章　附　　则

第14条　本制度由公司安全部门负责制定、修改和解释。

第15条　本制度经有关领导审批后，自公布之日起开始施行。

修订记录	修订标记	修订处数	修订日期	修订执行人	审批签字

安全知识竞答

1. 严禁攀爬的不安全位置有哪些？

2. 当流水线在运作时，作业人员应注意什么？

3. 作业人员________金属塔架或高压线断落，会造成电击或跨步电压触电的危险。

4. 对于钢筋绑扎时的悬空作业，不安全行为有________、________、________、________绑扎。

5. 作业人员上下作业面有什么要求？

---

1. 答案：平台护栏、汽车挡板、吊车吊钩等高处及可移动的部位等。

2. 答案：

（1）当流水线在运作时，不得跨流水线，可从过线梯过去或绕道而行。

（2）当流水线在运行时，脚不允许放在流水线线槽上面，预防脚被夹到。

3. 答案：攀爬

4. 答案：站在钢筋骨架上　攀登脚手架　攀爬模板　在支撑件上

5. 答案：作业人员上下作业面时，应从临时楼梯和坡道上下，严禁攀爬脚手架、塔吊、施工电梯、物料提升机等，防止高处坠落事故发生。

第十章

严禁违反劳动纪律

安全漫画

——工作之中守纪律，万勿违章和违纪

安全禁令精讲

劳动纪律是指班组成员在作业中应遵守的企业制定的劳动规则和劳动秩序，用于约束班组成员的作业行为规范。

劳动纪律是班组安全生产的基本保证。企业制定劳动纪律的目的是保证生产工作的正常进行。常见的劳动纪律包括仪容仪表、日常行为规范、岗位操作规范、生活纪律四方面，如图 10—1 所示。

仪容仪表	1．进入工作区，必须穿工作服，要着装整齐，扣子扣完整 2．按规定佩戴好工牌，不得不戴或戴歪 3．发型大方，女员工应将头发扎成发髻，以免妨碍工作 4．班组成员不得留长指甲，以免降低工作效率 5．保持良好的精神面貌，充满朝气
日常行为规范	1．不得携带违禁品、危险品进入工作区，不得私自携带公物出厂 2．严禁进入会议室、空压机房、仓库等地 3．注意保护作业现场的环境卫生，不得破坏厂内公共财物 4．严禁在生产现场闲聊、打闹、串岗、打瞌睡等行为 5．对同事要礼貌，注意平时礼貌用语的使用
岗位操作规范	1．按规定上下班打卡，不无故迟到、早退 2．听从班组长安排，不扰乱正常作业秩序，不将情绪带入工作中 3．工作期间不得随意离岗，经允许离岗时间不得超过10分钟 4．爱护机器设备，定期保养，避免非正常损坏 5．不得私自更换工作岗位，不得到其他部门闲逛闲聊
生活纪律	1．早上初次见面时主动互相问好，注意自己的礼节礼貌 2．保护环境，不随地吐痰，不乱扔垃圾，不在非吸烟区吸烟 3．爱护公物，节约能源，及时关闭不用的电灯、空调、水龙头 4．不故意损坏或偷窃他人或公司的财物 5．团结各班组成员，互相尊重，不聚众打架闹事

图 10—1　常见的劳动纪律

一般情况下，企业可以从五方面制定规章制度，从而使得劳动纪律有章可循、有据可依，如图 10—2 所示。

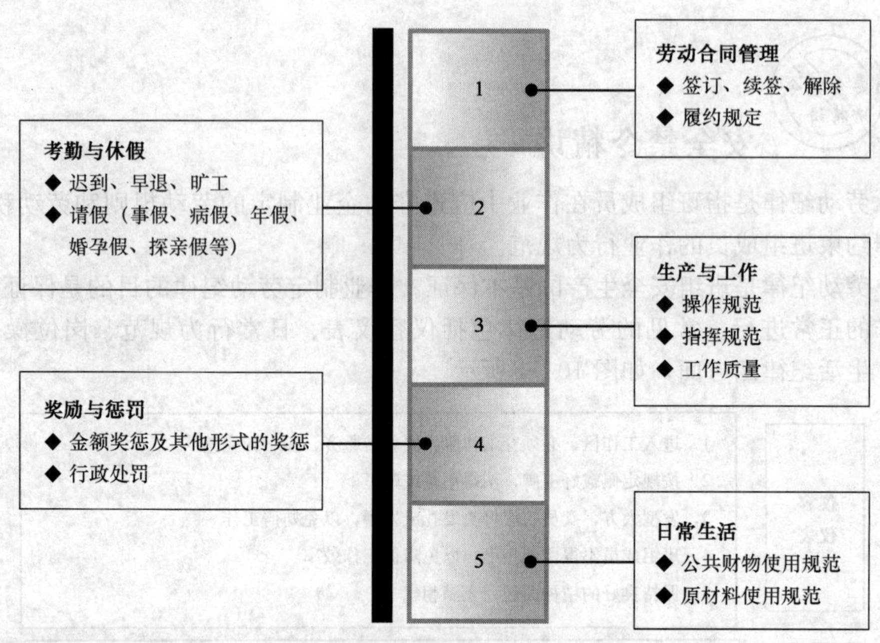

图10—2　制定规章制度的五方面

制定了全面的规章制度，如果不执行落实，就相当于只说不做，就是“放空炮”，这些规章制度也不能达到约束员工、促进生产的效果。因此，为了安全生产，必须有严格的劳动纪律，使企业制定的规章制度落到实处，发挥它应有的作用，企业应该针对违反劳动纪律的行为，制定一定的处罚规则，使规章制度具有一定程度的强制性。

根据班组成员违纪行为的危害程度、损失情况和责任大小，可以对其进行不同程度的经济处罚、行政处罚或刑事处罚，这三种处罚方法如图10—3所示。

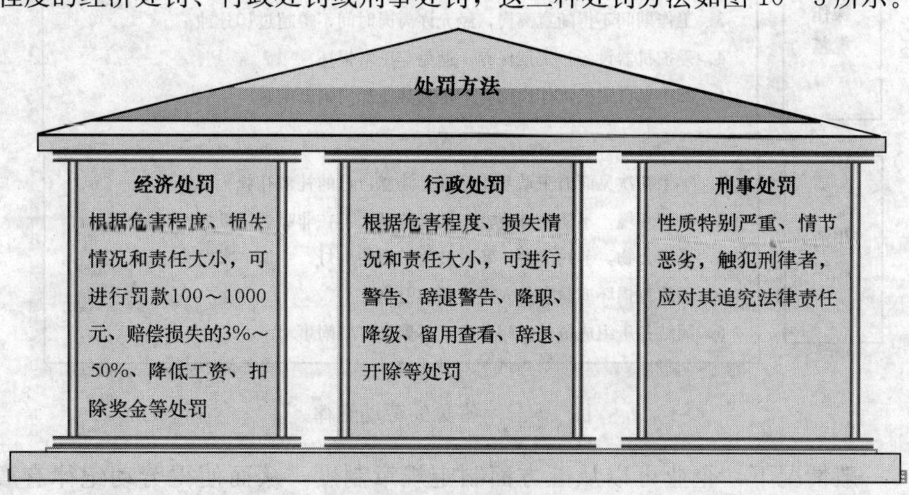

图10—3　违反劳动纪律人员的处罚方法

安全案例细说

这个事件发生在某工厂的员工宿舍内，本来关系很好的两名同事因为一些小事反目成仇，最终诉诸武力。

小张和小王在厂里关系一直很好，两人平时还一起吃饭。这次，厂里员工宿舍调动，他俩就争取到了一个宿舍，成了舍友。本来这应该是好事，可是事实却不尽如人意。

原来小张和小王两人在工作时间上存在冲突，小王经常上夜班，回到宿舍后不免影响小张休息。由于他们之前不住一个宿舍，没有发现这个问题。但是随着时间的推移，小张渐渐对小王产生了不满。最终，小张和小王由心理上的不满演变成了肢体上的冲突。

小张和小王吵架声音引来了其他员工的围观，同时也引来了宿舍管理员。管理员将他们吵闹的事情汇报给了他们的主管，最后经理也知道了，决定解雇他们。

他们两个在班组里平时的工作表现很好，班组长觉得就这样辞退他们有点不公平。于是班组长就向经理反映了他们上班时间存在冲突的事情以及他们平时的工作情况，小张和小王也表示以后再也不跟同事吵架了。经理考虑实际情况后，终于决定继续让他们留在厂里，但是给予了一定程度的行政处罚。

事后，宿舍管理员又根据上班时间和工作性质，对宿舍进行了一次调整，小张和小王又被分到了不同的宿舍，关系也渐渐恢复。

上面的宿舍风波中，小张和小王都无视工厂的规定，没有遵守员工宿舍纪律，对同事没有礼貌相待，没有团结队友，违反了劳动纪律。

从与人相处的角度看，他俩都认为自己的休息最重要，别人能不能休息好与自己无关。从劳动纪律的角度看，他们没有意识到自己的行为已经违反了员工守则，对其他员工造成了不良的影响。同时，他们的行为也给自己带来了惩罚。

由此可见，遵守劳动纪律，利人利己；违反劳动纪律，损人不利己。我们都应该树立严明的纪律观念，为自己的工作增色。

安全经典语录

■ 安全生产，严禁违反劳动纪律。

■ 班组安全生产要服从管理者的安排，听从指挥。

■ 遵守劳动纪律，严禁聚众闹事、打架斗殴。

■ 坚决遵守班组工艺纪律和操作规程，安全生产。

■ 严明的纪律是班组安全生产的前提和保障。

■ 随便动用他人的设备和工具就是拿他人和自己的生命开玩笑。

安全操作工具

安全生产劳动纪律是企业员工日常生产应当遵循的，一般生产企业都以制度的形式对班组成员的行为进行规范，下面是一个关于班组安全生产劳动纪律的示范。

<table>
<tr><td rowspan="2">制度名称</td><td rowspan="2" colspan="3">班组安全生产劳动纪律</td><td>受控状态</td><td></td></tr>
<tr><td>编　　号</td><td></td></tr>
<tr><td>执行部门</td><td></td><td>监督部门</td><td></td><td>编修部门</td><td></td></tr>
<tr><td colspan="6">
第1章　总　　则
第1条　目的
为了加强安全生产管理，规范各班组员工的行为，有效地防止和杜绝各类安全事故的发生，确保公司生产工作的顺利进行，避免公司财产和员工利益遭受损失，特制定本纪律规范。
第2条　适用范围
本纪律规范适用于各班组的所有工作人员。
第2章　劳动纪律细则
第3条　考勤管理
1. 不得迟到、早退或者旷工。请假需班组长签字确认，由主任同意，否则按旷工对待。
2. 迟到或早退时间小于半小时罚款20元，__小时至__小时罚款30元，大于__小时罚款__元。
3. 旷工一次扣____元，旷工三天予以开除，并扣除当月工资。
第4条　工作规范
1. 工作前必须佩戴劳动防护用品，如安全帽、工作服、防护镜等。
2. 生产现场不准赤脚，不准穿高跟鞋、拖鞋，高处作业严禁穿皮鞋或易滑的鞋子。
3. 不得在工作期间擅自离岗、脱岗，应坚守岗位。
</td></tr>
</table>

续表

制度名称	班组安全生产劳动纪律			受控状态	
				编　　号	
执行部门		监督部门		编修部门	

4. 班组成员在操作时不得闲谈、嬉戏或者做其他对工作有干扰的事情。

5. 不得将自己的工作交给别人，更不能随便操作他人的设备、工具。

6. 工作中应听从指挥，服从管理，不得无理取闹、聚众闹事。

7. 严格遵守工艺纪律和操作规程，不得随意改变操作程序。

8. 非操作人员不得进入危险区域，以免对自己造成伤害。

9. 保持作业现场清洁卫生，保证不影响正常的生产活动。

第 5 条　处罚规则

凡违反以上纪律规范，发现一次罚款 100 元，并警告一次；若造成严重伤害，则根据伤害程度对其进行罚款和处罚。

第 3 章　附　　则

第 6 条　本纪律规范由总经理办公室制定，解释权归总经理办公室。

第 7 条　本纪律规范的修订、增补由总经理办公室负责。

第 8 条　本纪律规范自颁布之日起开始实施。

修订记录	修订标记	修订处数	修订日期	修订执行人	审批签字

安全知识竞答

1. 我国的安全生产方针是“________、________、________”。

2. 现场反“三违”，“三违”是指________、________、________。

3. 事故发生的直接原因有：________和物的不安全状态。

4. 作业人员操作过程中，要做到“四不伤害”，即________、________、________、________。

5. 高处施工现场的三大纪律是________、________、________。

1. 答案：安全第一　预防为主　综合治理

2. 答案：违章指挥　违章操作　违反劳动纪律

3. 答案：人的不安全因素

4. 答案：不伤害别人　不伤害自己　不被人伤害　保护他人不受伤害

5. 答案：进入施工现场带好安全帽　系好安全带　不准往下乱扔工具、材料等

第十一章

严禁没有防护措施作业

安全漫画

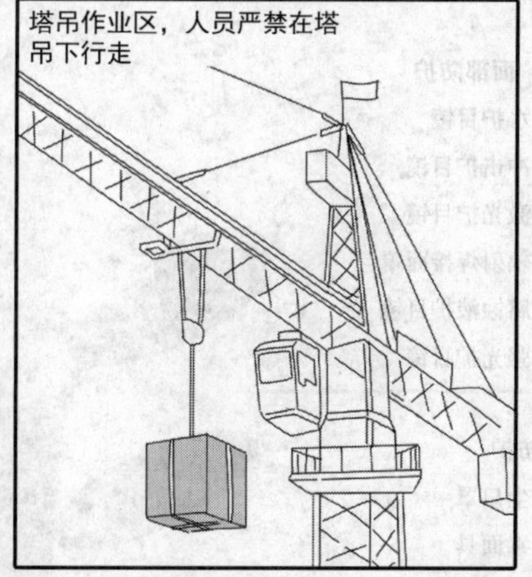

安全禁令精讲

对于企业来说，安全就是作业过程中没有危险，员工和工厂不受损害，各个环节不出事故。为了达到这样的目的，企业需要采取各种措施进行防护。

所谓防护，就是做好各种准备和保护措施来避免作业人员发生意外伤害、企业遭受严重损失，从而保证作业过程的安全。

显然，安全是目的，防护是手段。安全生产离不开有效的防范措施。而防护一般讲的是个人安全的防护，常见的个人防护用品包括面部、眼部、足部、手部、躯体防护以及呼吸防护用品等，如图 11—1 所示。

眼部、面部防护

1. 防水护目镜
2. 防冲击护目镜
3. 防激光护目镜
4. 防辐射焊接面罩
5. 防腐蚀液护目镜
6. 防强光护目镜

呼吸防护

1. 防尘口罩
2. 防毒面具
3. 空气呼吸器

躯体防护

1. 防水服、防油服
2. 防酸碱服
3. 防静电、绝缘服
4. 防电弧服
5. 带电作业屏蔽服
6. 热防护服
7. 防放射性服

足部防护

1. 防水胶鞋、耐酸碱鞋
2. 防寒鞋
3. 防刺穿鞋、防砸鞋
4. 防滑鞋
5. 绝缘鞋

手部防护

1. 劳动保护手套
2. 耐酸碱手套、耐油手套
3. 焊接手套
4. 绝缘手套、防静电手套

听力防护

1. 耳塞
2. 耳罩

头部防护

1. 安全帽
2. 头盔
3. 高压电安全帽
4. 防酸碱安全帽

图 11—1 常见个人防护用品

作业人员应该正确使用安全防护用品，保证安全防护用品能起到保护自己人身安全、减少职业病和工伤事故的作用。使用安全防护用品应符合以下几点要求，如图 11—2 所示。

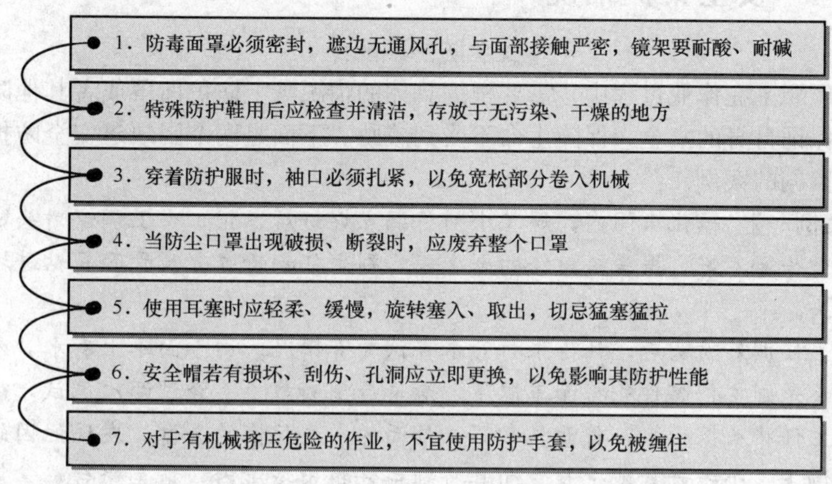

图 11—2　安全防护用品使用要求

防护措施不只是防护用品，还包括一些其他的措施，如安全通道防护、楼梯口防护、阳台楼层的临边防护、预留洞口的防护、电梯井的防护、高压线防护等，如图 11—3 所示。

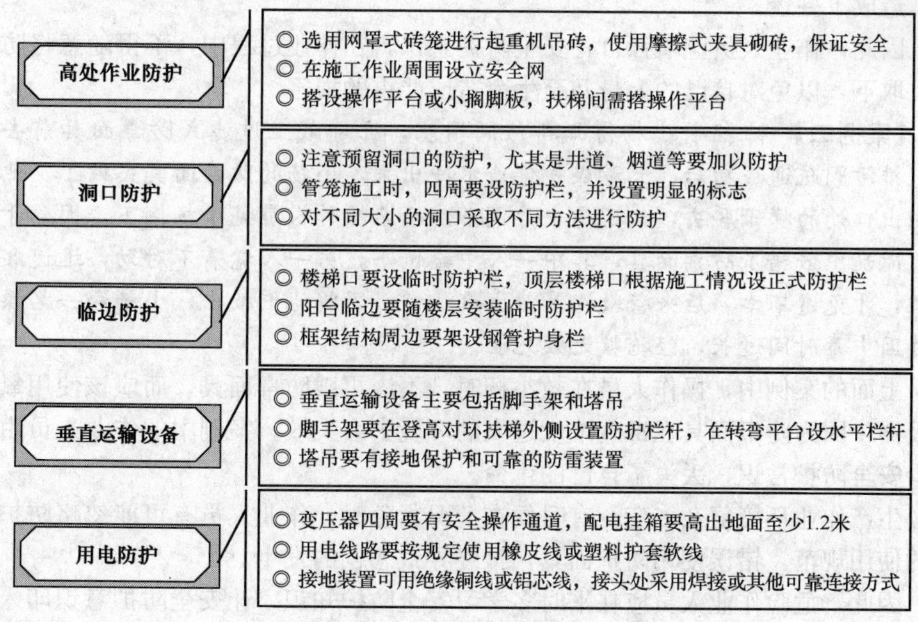

图 11—3　作业防护措施

安全案例细说

安全防护不能少

工厂职工在作业过程中，需要根据具体的情况戴上防护面罩或者其他防护用品，来保证自身的安全，保障生命不受到威胁。下面是两个因缺乏安全防护意识而造成惨剧的案例。

【案例一】 净化车间内，焊工小刘将漏点焊好后，钳工小王调试喷头，发现有1个喷头雾不好，报告给维修的副主任，副主任看后戴上长管面具钻进增湿器调试喷头。

副主任调好喷头后，让小张打开水查试喷雾情况。由于面罩上有水，看不清喷头，于是副主任憋住气将面罩取下，看清后重新戴上。经过两次调试，喷头正常。副主任将头探出来，将面具拿下，外面的人去拉他的手臂，发现他因缺氧突然向后倒下。小张赶紧戴上长管面具将副主任推出增湿器，拖至平台，拿氧气袋迅速让副主任吸氧，后将其送至医院。

上面的案例中，副主任进入增湿器时，明知里面为高浓度氮气，还憋住气将面罩去掉，是缺乏自我安全防护意识的表现。他将面具取下后，面罩内充满了氮气，再戴上时其实吸入的是高浓度的氮气。而且他出孔时过早地去掉了防毒面具，造成了昏迷。

因此，作业人员应增强自我安全防护意识，在作业过程中，不得随意将防护面具取下，以免对自己的人身乃至生命造成严重的损害。

【案例二】 班组长小杨得知排污阀堵塞，立即戴上过滤式防毒面具前去处理。排污阀疏通成功后，大量煤气伴着水冲出来，小杨的防毒面具失效了。他急忙向出口处的梯子爬去，但还是中毒倒下。两名操作人员见小杨倒下，因急于救人，慌乱中戴错了防毒面具，其中一人中毒倒下，另一人觉着不对劲，迅速爬了上来，才免遭不幸。后来营救人员戴上氧气呼吸器将他们救出，小杨和一名操作人员因中毒时间过长，经抢救无效死亡。

上面的案例中，操作人员在救小杨时，不应再戴防毒面具，而应该使用氧气呼吸器，因为防毒面具在毒气浓度过大的环境中会失效。案例中的作业人员由于缺少安全防护常识，丢失了自己的生命。

生产作业环境复杂多变，有时候在情况紧急时，作业人员有可能忽略防护用品的使用规范，错误使用防护面具，最终导致悲剧的发生。

因此，危险作业人员应在平时多学习安全防护知识，让安全防护意识印入自己的心中，在面对危险时正确使用安全防护用品，保证自己的生命安全。

安全经典语录

- 重视生命，自觉采取安全防护措施。
- 安全防护，常抓不懈，抓而不紧，等于不抓。
- 戴上安全帽，系上安全带，高处作业添保险。
- 先检查安全，再进行生产，不安全就不生产。
- 做好劳动防护是作业安全的前提和保障。

安全操作工具

生产人员在作业过程中，需佩戴必要的防护用品，以免造成人身损害。为了强化作业人员的安全意识，有效防止和杜绝安全事故的发生，企业可以制定安全防护管理制度，如下面的范例。

制度名称	班组安全防护管理制度			受控状态	
				编　　号	
执行部门		监督部门		编修部门	

第 1 章　总　　则

第 1 条　目的

为了加强安全生产管理，规范各班组员工的作业防护行为，有效地防止和杜绝各类安全事故的发生，确保公司生产的顺利进行，避免公司财产和员工人身遭受损害，特制定本制度。

第 2 条　适用范围

本制度适用于各班组成员的高处作业、高温作业、交叉作业、临边作业等的防护工作。

第 2 章　高处作业防护规范

第 3 条　脚手架的搭设应符合规定要求，高处作业人员要经常检查维修，作业前须先检查其稳定性。

第 4 条　高处作业人员应避免穿着厚重，避免穿硬或滑的鞋子。

第 5 条　高处作业须设置安全通道，通道上不得堆放杂物，并应及时清理通道上的垃圾废料。

第 6 条　高出地面 2 米时须系好安全带，安全带的位置不低于腰部，挂在牢固可靠的地方。

第 7 条　屋面作业应在上面铺上木板，分散压力，以免屋面受损。

第 8 条　严禁人跟吊物一起起吊，吊物未放稳之前不得攀爬。

第 9 条　严禁手持物件在高空行走、攀爬。

第 10 条　垂直作业时，必须使用差速保护器和垂直自锁保险绳。

第 11 条　及时清理脚手架上的工件和零散的物品。

第 12 条　应制定安全措施，防止高空坠物。

续表

<table>
<tr><td rowspan="2">制度名称</td><td colspan="3" rowspan="2">班组安全防护管理制度</td><td>受控状态</td><td></td></tr>
<tr><td>编　号</td><td></td></tr>
<tr><td>执行部门</td><td></td><td>监督部门</td><td></td><td>编修部门</td><td></td></tr>
</table>

第3章　高温作业防护规范

第13条　应注意检查高温防护设施设备是否能够正常使用和运行，发现异常应立即报告。

第14条　加强个人的防护，如穿着工作服等。

第15条　实行轮换班制度，严禁因代他人上班而长期从事高温作业。

第16条　高温作业人员应对自己的健康负责，发现病症应及时报告。

第17条　班组长对本班人员的健康状况要心中有数，对患有心血管疾病、消化系统疾病等疾病的人，一般不要安排其高温作业。

第18条　高温作业人员应准备饮料、毛巾等防暑降温用品，以防中暑。

第4章　交叉作业防护规范

第19条　交叉作业中，一般安全要求如下所示。

1. 交叉作业要根据需要设置安全栏杆、安全网、防护棚或者警示围栏。

2. 作业人员必须戴安全帽，不得穿凉鞋、拖鞋或硬底鞋，不得赤脚攀爬。

3. 作业过程中不得将工具、材料等物品投下或扔上，必须按规定吊运。

4. 六级及以上大风天气应停止作业。

第20条　装修装饰交叉作业时，上下层不得在同一垂直方向，下层需在上层可能发生坠落的范围之外，否则，必须在中间设置安全防护层。

第21条　拆除脚手架或模板时，须有专人监护操作人员，脚手架下方不得有其他操作人员。拆下的模板堆放高度不得超过1米，不得随意堆放。

第5章　临边作业防护规范

第22条　临边作业时的防护要求如下所示。

1. 楼层周边作业时，必须在周边搭设防护栏杆。

2. 分层施工的楼梯口必须安装临时护栏，顶层楼梯口应及时安装正式防护栏杆。

3. 施工井架或脚手架与建筑物通道的两边，必须设防护栏，通道上空须架设防护棚。

第23条　防护栏杆需采用钢管搭设并涂上黄黑相间的警戒色，栏杆的直径和高度须符合规定的要求。

第24条　防护栏杆须按要求固定住，不得出现滑动脱落现象。

第6章　附　　则

第25条　本制度由安全管理部经理制定，解释、修订权归安全管理部。

第26条　本制度自颁布之日起开始实施。

<table>
<tr><td rowspan="3">修订
记录</td><td>修订标记</td><td>修订处数</td><td>修订日期</td><td>修订执行人</td><td>审批签字</td></tr>
<tr><td></td><td></td><td></td><td></td><td></td></tr>
<tr><td></td><td></td><td></td><td></td><td></td></tr>
</table>

安全知识竞答

1. 我国的安全生产和消防工作的方针，其核心是________。

2. 为保障职工在生产过程中的安全和健康所发放的各种用品统称为________。

3. 为确保施工安全，施工人员在工作前应检查________、________、________到位后方可施工。

4. 进入施工场地必须正确穿戴好________。

5. 个人劳动防护用品包括________、________、手套、________、________、________以及耳塞等。

6. 使用安全帽时不得有________，禁止当________坐。

7. 工服穿着时不得有________、________、________行为，电焊、油漆工应使用________工作服。

8. 佩戴安全带时不得有________、________、________、________或________，使用时应________。

---

1. 答案： 预防

2. 答案： 劳动防护用品

3. 答案： 周围环境　工具设备　劳动防护用品

4. 答案： 个人劳动防护用品

5. 答案： 安全带　防护眼镜　防尘口罩　防毒面具　送风式头盔

6. 答案： 损坏　凳子

7. 答案： 破损　裸露　暴露肌肤　棉布

8. 答案： 损坏　断裂　烧痕　无保险环　霉烂　高挂低做

第十二章

严禁安全装置失效作业

安全漫画

安全禁令精讲

安全防护装置是指用来保护人身安全和机械设备所采用的技术装置，如温度及液面超限报警装置、安全联锁装置、事故停车装置、低压真空密闭容器、防火传播隔离装置、电器设备过载保护装置、机械运转部位的防护装置、火灾报警固定式装置、灭火装置及危险气体自动检测装置、静电或避雷装置、登高作业安全装置（如脚手架、龙门架、塔吊、安全网）等。

工厂或企业采用的各种安全防护装置，可以使作业人员在遭受伤害或发生危险时减轻伤害的程度。常见的安全装置如图 12—1 所示。

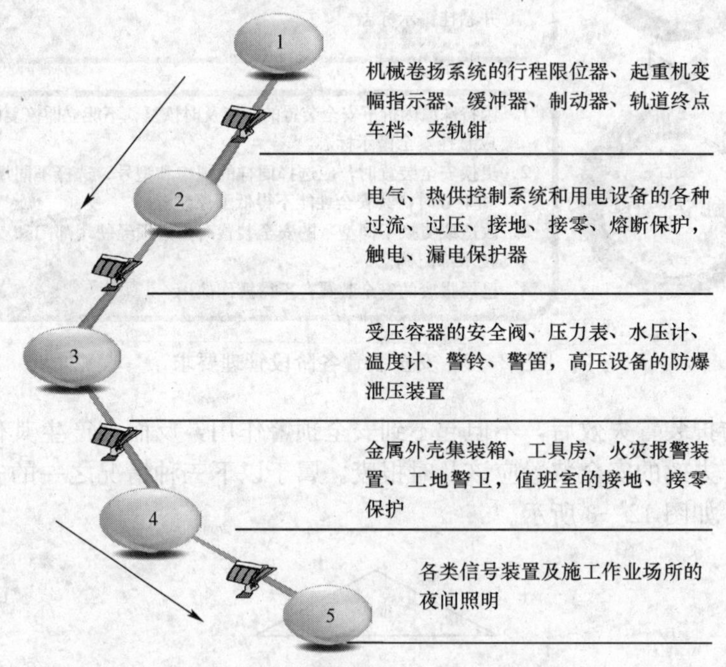

图 12—1 常见的安全装置示例

安全装置使得机械设备在运行中遇到危险能够自动停机，从而消除或减轻危险程度。相反，如果安全装置失效，那么作业过程中遇到危险就会加重对作业人员和设备的伤害。因此，一定要定期检查安全装置，避免因失效影响生产的正常进行。

为了保证安全装置能够有效、正常地运行，现场人员在安全装置的前期管理、使用管理和维护保养管理中都要严格检查，不能有所遗漏。安全装置各个阶段的管理要求如图12—2所示。

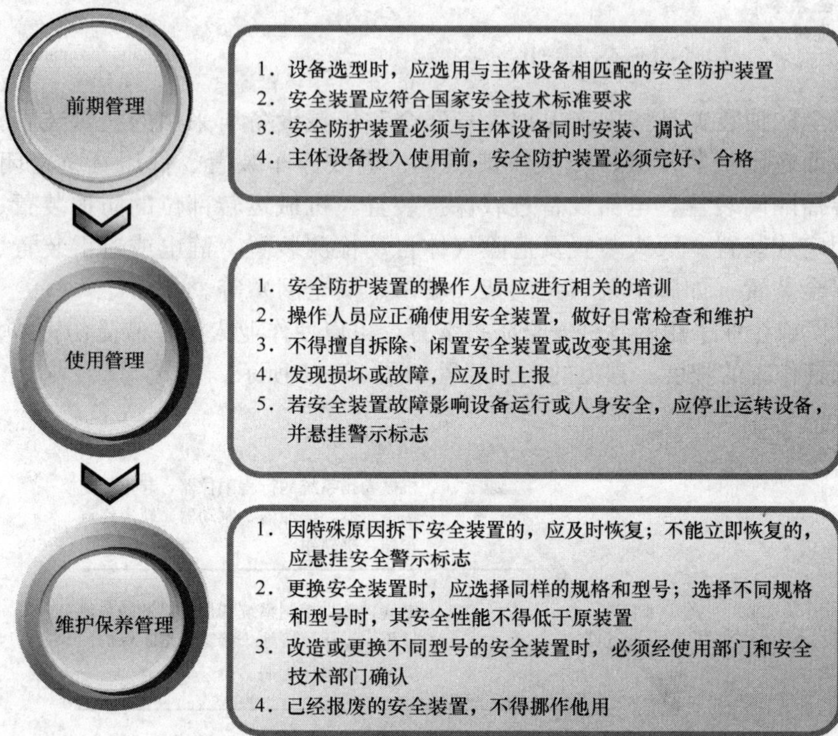

图12—2　安全装置各阶段管理要求

安全防护装置失效后，不但起不到安全预警作用，反而会产生其他负面的影响。因此，失效的安全装置应该及时报废。属于以下三种情况之一的安全装置应予以报废，如图12—3所示。

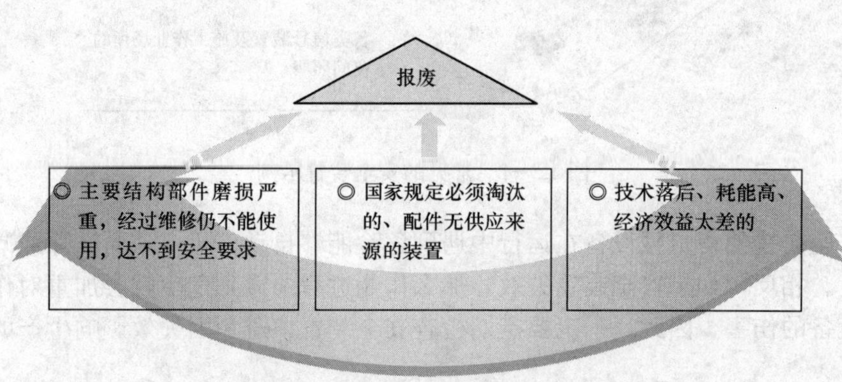

图12—3　安全装置报废处理的三种情况

安全案例细说

装置失效酿苦果

虽然国家和企业都一再强调安全的重要性，但是每天仍然会发生安全事故。归根结底，是有些操作人员的安全意识太过薄弱。

有的员工为了贪图一时的方便，在操作机械的过程中擅自拆除自以为有碍作业的安全装置，工作起来把“安全”二字忘得一干二净，造成了安全装置失效，并最终引发了安全事故。下面就是两个安全装置失效的案例。

【案例一】 某家具制造厂的木工小张对木板进行加工。木板尺寸较长，刨平需两人合作，因此小张进行推送，小李负责接拉木板。木板端头有节疤，当快刨到节疤时，木板开始抖动，把小张的右手直接震了出去。因这台刨床的刨刀没有安全防护装置，小张的手不小心按到了刨刀上，瞬间他的四个手指被刨掉。

厂里对此次事故展开了调查。原来早在一年前，厂里就发现了这一隐患。为了解决此事，厂里专门购置了一套防护装置。但是，安全装置装上一段时间后，操作人员用不习惯，嫌麻烦，就拆除了，结果不久就发生了小张断指的事故。

【案例二】 某棉纺厂的小黄和小刘一起对棉纺物料进行烘干作业。在操作滚筒烘干机之前，他们没有及时检查烘干机的电动机和传动装置上面的防护罩是否罩上，就直接开始操作机器。小黄在向烘干机内放棉纺物料时，裤脚口被旋转的联轴节挂住，不小心摔倒了。小刘见状，立即关闭电源开关，停止了机器的运转，使小黄脱离危险。但是，小黄的腿部严重擦伤。

上面的两个事故，都是由作业人员不当操作导致安全装置失效而引发的。安全装置失效，使得机械的危险部位失去了应有的安全防护，再加上操作人员缺乏安全意识，造成了流血事故。

因此，作业人员一定要牢记：机械上所有的安全装置都是为了保护操作人员的生命安全和健康而设置的，不能随意地拆除或者改装。否则，机械上的危险部位就会像吃人的"老虎"一样，冲破安全装置的"牢笼"，伤害到作业人员。

安全经典语录

■ 装置失效酿苦果，违章作业是祸根。
■ 重视安全硕果来，忽视安全遭祸害。
■ 装置失效性命不保，隐患不除效益难出。
■ 安全装置要可靠，巡回检查执行好。
■ 原料多，场地乱，安全防护不能断。
■ 开车之前要注意，工件卡牢莫麻痹，超长工件要支撑，防护装置要完备。
■ 砂轮不装防护罩，伤人就像迫击炮。

安全操作工具

安全装置可以保护作业人员不受伤害，同时，有的安全装置还可以让作业人员及时发现机械设备运行的异常状态，采取必要措施，减少损失。安全装置的管理制度如下。

制度名称	安全装置管理制度		受控状态	
			编　　号	
执行部门		监督部门		编修部门	

第1章　总　　则

第1条　目的

为了加强化工相关人员人身安全的保护力度，有效地防止和杜绝各类安全事故的发生，确保公司生产工作顺利进行，特制定本制度。

续表

<table>
<tr><td rowspan="2">制度名称</td><td colspan="3" rowspan="2">安全装置管理制度</td><td>受控状态</td><td></td></tr>
<tr><td>编　　号</td><td></td></tr>
<tr><td>执行部门</td><td></td><td>监督部门</td><td></td><td>编修部门</td><td></td></tr>
</table>

第 2 条　适用范围

本制度适用于设备安全装置的设置人员、设备操作人员和管理人员。

第 2 章　安全装置的设置

第 3 条　安全装置应结构简单、布局合理，不得有锐利的边缘和凸缘。

第 4 条　安全装置应具有足够的可靠性，在规定的寿命期限内有足够的强度、刚度、稳定性、耐腐蚀性、抗疲劳性，以确保安全。

第 5 条　安全装置的材料以及运转部件的距离应按国家相关规定执行。

第 6 条　光电式、感应式等安全装置应设置自身出现故障的报警装置。

第 7 条　要考虑到安全装置本身的故障或误操作而导致的危险，应设置 2～3 套备用安全装置。

第 8 条　反应物料爆聚、分解造成超温、超压，在可能引起火灾爆炸危险的设备上设置报警信号系统及自动、手动紧急泄压排放装置。

第 9 条　突然超压或瞬间分解爆炸危险物料的设备应装有防爆片、导爆筒，并根据需要安装防止二次爆炸、火灾的设备。

第 10 条　生产和储存不稳定化学物质（如烯烃和二烯烃）时，应安装防止产生过氧化物的装置。

第 11 条　可燃气体压缩机的吸入管道应有防止产生负压的装置。当气液分离设备减压排液至低压系统设备时，应设有防止串压、超压的安全装置。

第 12 条　对设备操作人员难以接近、开启较为费力或要求迅速启闭的阀门，应设置远距离操纵装置，避免近距离操作发生事故。

第 3 章　安全装置的使用与维护保养

第 13 条　操作人员须在每日作业前先检查安全装置的完好情况，并做记录。

第 14 条　操作人员要按规定要求对安全装置进行日常保养。

第 15 条　设备主管人员应每月对安全装置情况进行专项检查。

第 16 条　严禁擅自拆卸各类安全防护罩、盖、栏、护板等安全装置，任何人不得随意挪用或不用安全装置。

第 17 条　各车间班组对所属设备及其安全装置自行负责管理，如出现问题应及时通知维修人员进行维修或者更换。

第 18 条　安全装置因机械设备原因，不能起到安全防护作用的，必须有专职技术人员维修完好后方可再次投入使用。

第 19 条　公共设备上的安全装置有设备部人员负责管理，应经常检查并对其进行维护保养。

第 20 条　对擅自拆卸或者不合理利用安全装置的人员，一旦发现，严肃处理。

第 4 章　附　　则

第 21 条　本制度由设备部制定，自颁布之日起开始实施。

第 22 条　本纪律规范的修订、解释权归设备部。

<table>
<tr><td rowspan="3">修订记录</td><td>修订标记</td><td>修订处数</td><td>修订日期</td><td>修订执行人</td><td>审批签字</td></tr>
<tr><td></td><td></td><td></td><td></td><td></td></tr>
<tr><td></td><td></td><td></td><td></td><td></td></tr>
</table>

如果安全装置已经过期或者报废不能使用，则需要对其进行更换。下面是安全装置更换申请表，见表 12—1。

表 12—1　　安全装置更换申请表

<table>
<tr><td colspan="2">提出更换日期</td><td colspan="2"></td><td colspan="2">计划完成日期</td><td colspan="2"></td></tr>
<tr><td colspan="2">更换理由</td><td colspan="6"></td></tr>
<tr><td colspan="2">更换装置</td><td colspan="6"></td></tr>
<tr><td colspan="3">使用部门签字</td><td colspan="3">技术部门签字</td><td colspan="2">其他人员</td></tr>
<tr><td colspan="3">签字：　日期：　年　月　日</td><td colspan="3">签字：　日期：　年　月　日</td><td colspan="2">签字：　日期：　年　月　日</td></tr>
</table>

安全知识竞答

1. 事故有四个特性，即：________、________、________、________。

2. 施工人员在施工之前，本人应检查________、________、________、________，完善到位后方可上岗。

3. 防爆电气设备上的________________装置等不得任意拆除，应保持其________________。

4. 防护雷击的主要措施有________、________、________、________。

5. 全通道附近的孔、洞要有________、________、________等安全措施。

6. 舱室、边柜施工，道门盖打开后，需立即安装________和________，必须要保持良好和________。

7. 起重机械的安全装置有________、________、________、________、________、________、________、________等。

1. 答案：因果性　随机性　潜伏性　可预防性

2. 答案：劳动防护用品　设备　工具　安全措施

3. 答案：保护、闭锁、监视、指示　完整、灵敏和可靠性

4. 答案：避雷针　避雷线　避雷网　避雷带

5. 答案：警示灯　围栏　防护盖　安全网

6. 答案：护栏　安全网　牢固

7. 答案：限位器　缓冲器　防碰撞装置　防偏斜和偏斜指示装置　变轨器和锚定装置　起载限制器　力矩限制器　特殊防护设施

第十三章

严禁使用不安全设备作业

安全漫画

安全禁令精讲

存在过期、材质过了使用期限、磨损厉害、易损设备未定期更换等问题的设备都属于存在安全隐患的设备，都是不安全的设备，都可能引发生产安全事故，酿成大祸。设备管理人员和操作人员都应该做好设备的检查工作，不使用不安全的设备。

不安全的设备即处于不安全状态中的设备。常见的设备不安全状态包括工器具存在缺陷、设备不能正常运行、劳动防护缺损、环境有害等，如图 13—1 所示。

设备的不安全状态

安全装置缺乏或有缺陷
◇ 无防护罩或防护罩未到位
◇ 无安全保险装置
◇ 无报警装置
◇ 无安全标志
◇ 无护栏或护栏损坏
◇ 危房内作业
◇ 未装挡车器栏杆
◇ 防爆装置不当
◇ 带电部分裸露
◇ 无防来电措施或措施不当
◇ 绝缘不良

强度不够
◇ 机械强度不够
◇ 机械有老伤痕
◇ 绝缘损坏或老化
◇ 耐腐朽层减薄
◇ 起吊绳索不合要求

生产环境不良
◇ 设备地面不平，有油渍、液体覆盖
◇ 现场通风差、有害气体浓度超限
◇ 现场光线不足或亮度过强

设备工具有缺陷
◇ 设计不当、结构不合要求
◇ 通道门遮挡视线
◇ 制动装置缺陷
◇ 防护栏网缺陷
◇ 工件有锋利毛刺、毛边
◇ 设施上有锐棱
◇ 验电器失灵或未定期试验
◇ 漏电保护器失灵

设备非正常状态运行
◇ 设备有故障运行
◇ 设备超负荷运行
◇ 设备装置未定期检查

维修调整不当
◇ 设备失修、失灵
◇ 设备保养不当
◇ 设备维修不善

防护用品缺少或缺陷
◇ 无个人防护用品
◇ 防护用品不符合要求

图 13—1　设备的不安全状态分类

造成设备以上不安全状态的原因主要是设备管理人员和操作人员缺乏足够的

安全意识，没有将安全作为一项重要任务来抓，没有将安全渗透到日常的设备使用与维护管理中去，其主要的表现如图 13—2 所示。

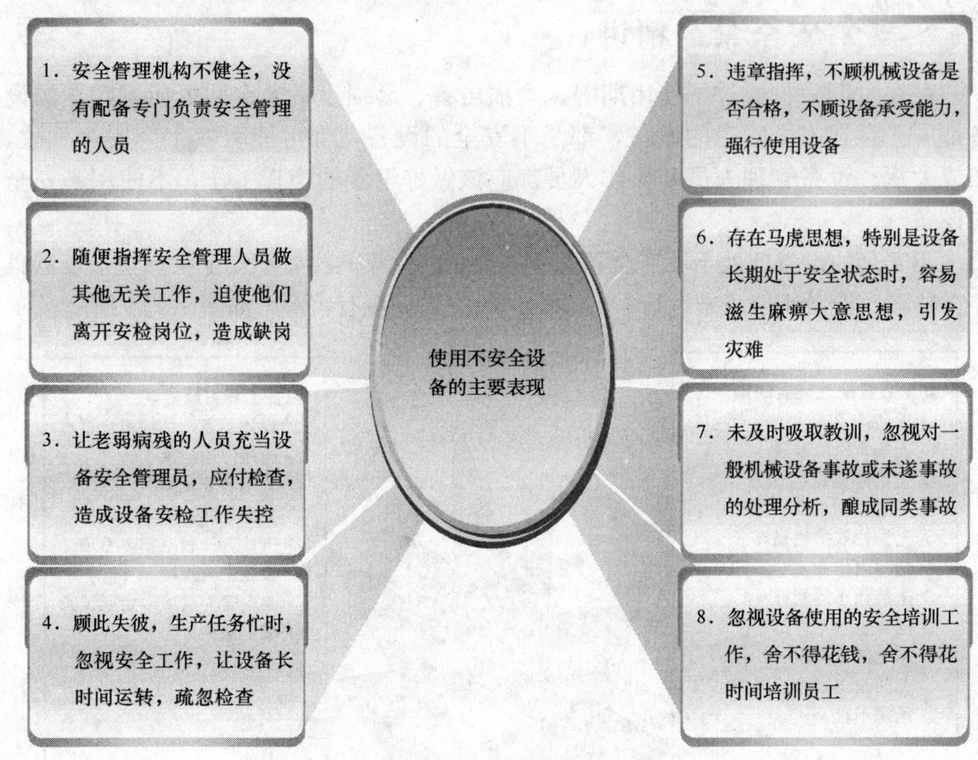

图 13—2 使用不安全设备的主要表现

上图中的几种情况导致班组使用不安全的设备进行生产作业，轻则造成产品的质量不合格，生产效率低下；重则会引发重大安全事故，甚至造成人员伤亡。

为了防止操作人员使用不安全的设备进行生产，操作人员应不断学习使用和维护设备的方法，做到“三好”和“四会”，具体内容如图 13—3 所示。

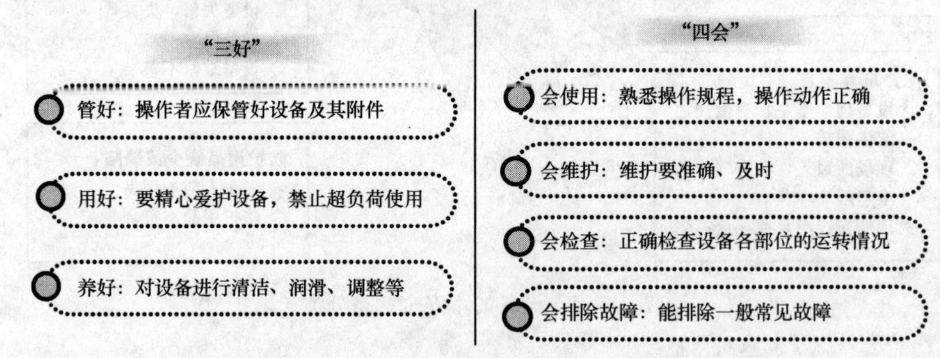

图 13—3 “三好”和“四会”示意图

安全案例细说

有些企业为了节约成本，不对危险、老旧的设备进行维修、更新，使得不安全的设备仍然在车间超负荷运行，成为安全隐患。下面就是一个具体的实例。

【案例一】 王凡原来是一家棉纺厂的法定代表人。由于棉纺厂长期不盈利，处于亏损状态。王凡为了减轻债务压力，就将棉纺厂改为化工厂，主营项目是具有相当危险性的甲硫酸钠，同时仍然经营棉纺工作。为了节约成本，王凡并没有按照国家规定对棉纺厂原有安全设备进行及时改造和维修，并继续使用老化的设备。

一天，王凡让主管李四组织几名新职工进行培训。正在培训时，突然氧化釜搅拌器传动轴密封填料处发生泄漏，导致操作平台发生爆燃，使整个生产车间起火，结果造成 8 人死亡，4 人重伤。

《安全生产法》第 29 条规定：安全设备的设计、制造、安装、使用、检测、维修、改造和报废，应当符合国家标准或者行业标准。

生产经营单位必须对安全设备进行经常性维护、保养，并定期检测，保证其

正常运转。维护、保养、检测应当做好记录，并由有关人员签字。

案例中，法定代表人王凡为了节约成本，违反国家规定，未让维修人员对设备进行经常性维护、检测，未对老旧设备进行报废处理，而是使用老旧设备，最终引发了惨剧。

上述事故值得每个从事生产行业的人深思，到底什么才是真正的“节约”？

为了再次强调使用不安全设备的危险性，请看下一个案例。

【案例二】 小王和小李负责一台机床，单位实行轮休制度，他俩一个值白班，另一个值夜班。小王值夜班时看到机床上的一个螺钉松了，他心想：小李一定会把此事报告给主管，我有生产任务，不能中断工作进程。于是，他和小李交班时什么也没说，就急着回宿舍睡觉去了。小李值班时也看到了那个松动的螺钉，但是他跟小王想的一样，认为小王已经报告给主管了。所以，存在安全隐患的设备继续运行。

下午小王来车间接班，正在他俩交接的时候，只听“轰隆”一声，设备爆炸了。由于他俩距离设备太近，都受了伤被送进了医院。

由上面的案例可以看出，设备的良好运行离不开维护和保养，操作人员是设备的使用者，更应该尽心尽责爱惜设备，发现安全隐患应该立即上报主管，安全意识不能放松，坚决不使用不安全的设备。

安全经典语录

- 珍惜生命，严禁使用不安全的设备。
- 设备老化藏隐患，为生产安全需报废。
- 设备老旧需更新，不然效率低得很。
- 隐患当作事故管，安全工作才保险。
- 检修现场是战场，处处依照规程来办事。
- 开车之前先检查，确认安全再作业。
- 生产检修莫麻痹，事故教训要牢记。
- 大型设备勤维护，小型电机勤加油，安全生产才能保。

安全操作工具

使用不安全的设备进行操作会造成安全隐患，因此，作业人员应该正确地操作设备。下面是设备安全操作的管理制度示例。

<table>
<tr><td rowspan="2">制度名称</td><td colspan="3" rowspan="2">班组设备安全操作管理制度</td><td>受控状态</td><td></td></tr>
<tr><td>编　　号</td><td></td></tr>
<tr><td>执行部门</td><td></td><td>监督部门</td><td></td><td>编修部门</td><td></td></tr>
</table>

第1章　总　　则

第1条　目的

为了加强班组安全生产管理，禁止操作人员使用不安全的设备，保证生产现场各班组人员的生命安全，有效地防止和杜绝各类安全事故的发生，确保公司生产工作顺利进行，特制定本制度。

第2条　适用范围

本制度适用于管理和使用设备的各班组成员。

第2章　设备安全操作规范

第3条　设备操作程序

1. 开机前先发出设备开启警告信号。

2. 按照规程规定的顺序进行操作。

3. 在设备启动和运行过程中，观察其是否存在不正常的现象。

4. 操作完成后要按规定进行擦拭、注油，保证设备处于良好状态。

第4条　操作前准备工作

1. 设备操作人员凭证上岗，新上岗的操作人员或者未取得操作证的人员必须经生产班组长同意，在持证者的指导下作业。

2. 设备运行前必须按照规程进行安全检查。

3. 应熟练掌握生产线设备和集体操作设备、开启前的联络方法和联络内容。

4. 设备操作人员进行试操作时，必须观察上下工序和设备区域内是否有多余人员和物件。

第5条　生产班组长应对所有设备制定安全操作标准、安全技术标准以及维修保养计划等，制定生产现场安全管理制度，并要求现场工作人员贯彻执行。

第6条　各种设备的安装、调试、运行和维修都必须符合国家颁布的相关安全管理要求，严禁使用不安全的设备。

第7条　非本设备、本岗位操作人员未经允许或没有相关操作人员的指导不得操作本机。

第8条　任何人不得随意拆卸或者放宽设备安全防护装置。

第9条　任何人不得改变设备的内、外部结构。

第10条　设备操作的关键岗位实行双人操作确认制，即一人负责、一人在旁边监护，避免因操作失误造成重大伤害。

第11条　严格遵守交接班制度，设备操作人员应详细填写交接班记录，并向接班人员交代本班的设备运行状况和尚未处理的设备故障内容。

第12条　设备在开启和运行过程中，设备操作和管理人员要严格监视环境，注意前后工序的衔接与配合，注意设备仪表指示的变化。

第13条　新安装的设备投产前必须进行空转，合格后方能带负荷试运行。

第3章　设备的检修与保养

第14条　在设备运行中发生的设备故障，本班可以处理的，必须由生产班组长及时组织维修人员进行处理；处理不完的，交代下一生产班组继续维修。

第15条　设备管理班组以及相关作业人员应定期对设备进行安全检查，以确保设备始终处于安全可靠的状态，避免设备事故的发生。

续表

制度名称	班组设备安全操作管理制度			受控状态	
				编　号	
执行部门		监督部门		编修部门	

第16条　设备部、安全管理部和生产部应根据安全检查情况及时对设备进行小修、中修和大修，并对维修情况进行评估。

第17条　设备负责人及使用人员应定期对设备进行安全维护保养，并做好相应的记录，填写“维护保养记录表”。

第4章　附　则

第18条　本制度由生产部负责制定和解释。

第19条　本制度经总经理审批后颁布实施。

修订记录	修订标记	修订处数	修订日期	修订执行人	审批签字

安全知识竞答

1. 管生产必须管安全，谁主管谁________。
2. 事故发生的直接原因主要有：人的不安全行为和________。
3. 舱室的梯子，使用前要检查，防止因________后无法承重而造成事故。
4. 施工人员必须执行的三查制度：________、________、________。
5. 电气安全包括人身安全和________。
6. 绝缘工具要定期做好________。
7. 割具使用前必须先检验其________和________，检验合格后才能点火。
8. 车辆发生故障或隐患时应立即通知________修理，严禁私自处理及带病运行。

1. 答案：负责

2. 答案：物的不安全状态

3. 答案：锈蚀严重

4. 答案：施工前检查个人劳动防护用品的穿戴　所用的设备、工具是否安全可靠　施工环境的安全措施的落实情况

5. 答案：设备安全

6. 答案：耐压电源试验

7. 答案：射吸性能　气密性

8. 答案：维修人员

第十四章

严禁机器转动中修检清扫

安全漫画

——清洁设备要规范

安全禁令精讲

设备的安全检修，是指为排除设备潜在安全隐患，确保设备平稳运行，延长设备使用寿命而进行的检查和修理措施。

由设备检修的定义可知，定期对设备进行安全检修可以确保设备处于安全可靠的状态，避免设备事故的发生。

设备的安全运行离不开检修。设备管理班组以及相关作业人员应正确地对设备进行检查与维修。在对设备进行日常安检时，主要检查的内容如图 14—1 所示。

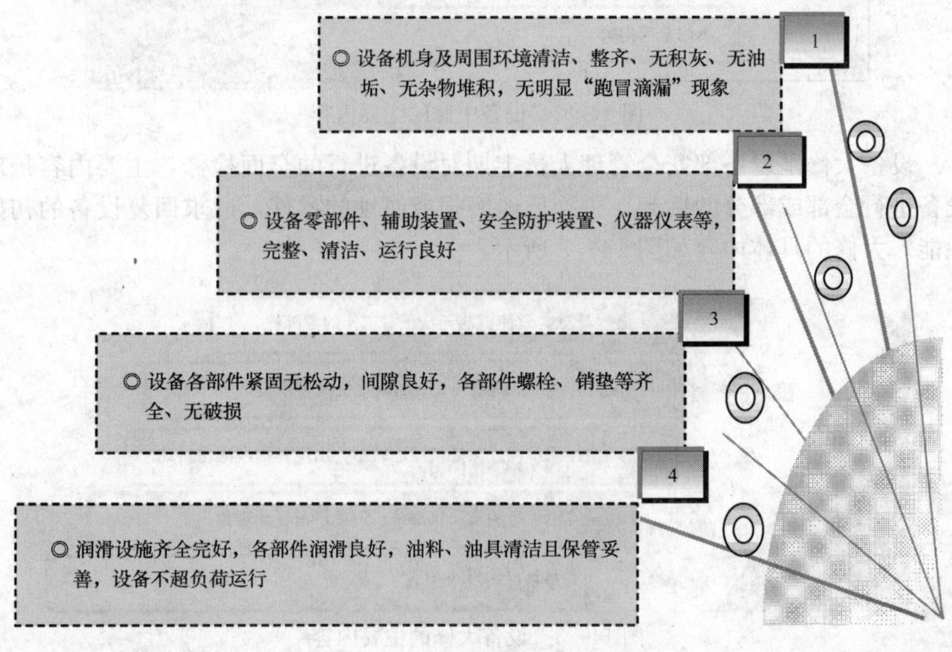

图 14—1　设备主要检查内容

设备管理人员及维修人员根据安全检查的情况对设备进行安全检修。设备检修分为小修、中修和大修。

小修是维护性修理，主要内容包括清洗、更换和修复少量容易磨损和腐蚀的零部件，即主要是对机械设备在运行中发生的临时性故障和局部损坏进行修理，确保设备能够正常运转、使用到下一次检修。

中修的主要内容除了小修项目，还包括对设备的主要零部件进行局部修理，并更换那些经过鉴定不能使用到下次中修时间的主要零部件。中修的具体内容如图 14—2 所示。

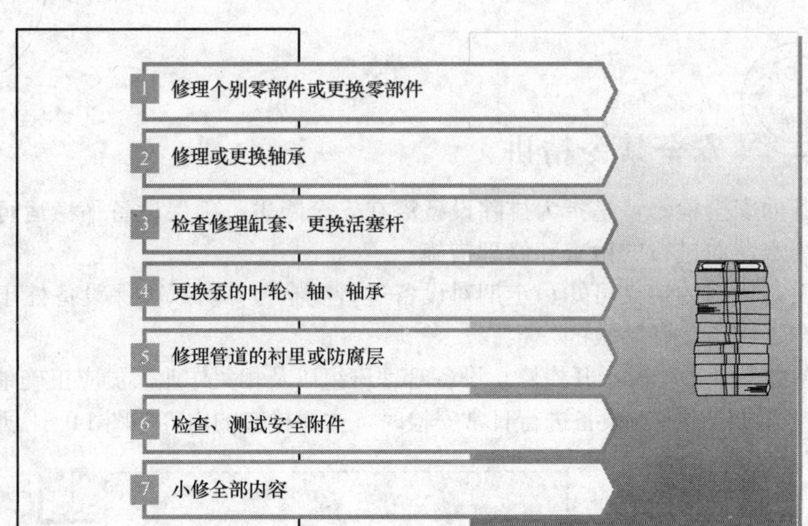

图 14—2 设备中修的主要内容

设备大修是设备部安全管理人员定期对设备进行的全面检修，主要内容是对设备进行全部或部分的拆卸，更换已经磨损或腐蚀的零件，以求回复设备的初始性能。大修的具体内容如图 14—3 所示。

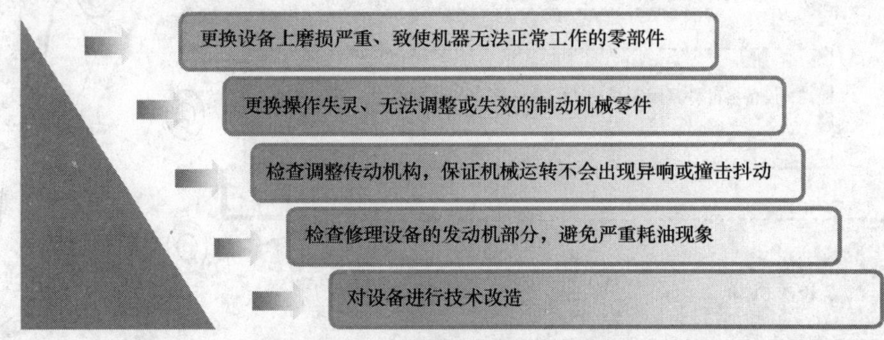

图 14—3 设备大修的主要内容

设备的维护保养离不开设备日常的清扫保洁工作，设备操作岗位人员应该每天对设备进行清扫。在清扫过程中，作业人员应注意的事项如图 14—4 所示。

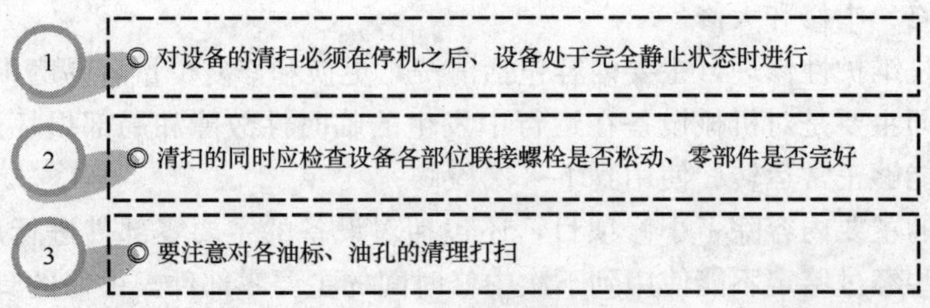

图 14—4 作业人员清扫注意事项

安全案例细说

有些企业为了赶生产进度，对设备进行检修清扫时不停止设备运转，这样做在无形中埋下了安全隐患，是对生命的威胁。

【案例一】 某钢铁炉料厂车间主任要求一班组下班前将除尘器内的积灰清理干净，以方便钳工检修机器。

当日，班组长小王带领当班班组成员小章去清理积灰。在排尘时，小章打开机器放料，发现积灰堵住了，于是他爬上操作台，叫小王拿给他扳手、竹片进行处理。正在处理时，堵住的块料突然下沉，打落了小章手中的竹片，同时输料器的叶片压住了他的右手，切断了他的手指。

小王赶紧通知车间主任将小章送往医院救治。经抢救，小章的食指和中指进行了再接手术，但无名指和小拇指却永远失去了。

设备运行时，任何人不得用手或物件对设备进行检修或清扫，发现物料堵住或有异常声响时必须停机。设备管理人员在检修或处理故障时，必须先切断电源，使设备停止运转。

车间主任为了赶生产进度、节约时间，让操作人员在机器运转时对除尘器进行清理，违反了岗位安全技术操作规程，让职工小章永远失去了手指。这是违规操作带来的血的教训，每一位生产人员都应该牢记于心。

【案例二】 职工小杨的好朋友要过生日，小杨决定下班后抓紧时间赶过去为朋友庆祝。班组有规定，每班操作人员下班后必须清扫设备上的灰尘以及周围环境，保持机械设备清洁、干净。为了节省时间，小杨决定提前清扫设备。

他边用刷子刷设备上的灰尘，边想着清扫完赶紧下班参加聚会。突然，刷子上的刷毛被设备绞了进去，他的手臂被刷子带往机器里。他试图将刷子抽出来，可是刷子抽不出来，而手臂却被绞了进去，小杨赶紧往外抽出手臂。由于反应迅速，他的手臂保住了，但也受了很严重的擦伤。

为了避免这样的事故发生，车间主任要起到带头作用，经常列举有关的事故案例，讲清楚在机器完全停止之前，任何人不得进行修理，也不得对设备进行清扫保养，并对违章者进行及时教育和处罚。

安全经典语录

■ 排除故障先拉闸，设备运转莫打扫。
■ 卡盘飞转莫溜号，工件转动不能摸。
■ 设备运行仍清洁，叫你的手臂血淋淋！
■ 切莫图方便、省时间，机器停止再修也不晚。
■ 安全员、班组长，安全保养检修活动天天讲。
■ 检修现场是战场，处处按照规程办。
■ 违章作业危害大，多数事故源于它。

安全操作工具

设备的检修与清扫可以保证设备正常运行、高效工作。下面是设备检修管理的一个制度范例。

制度名称	班组设备检修管理制度			受控状态	
				编　　号	
执行部门		监督部门		编修部门	
第1章　总　　则					
第1条　目的 为了加强班组安全生产管理，规范对设备存在的缺陷、隐患的排查工作，提高设备的工作效率，确					

续表

制度名称	班组设备检修管理制度			受控状态	
				编　　号	
执行部门		监督部门		编修部门	

保设备的安全稳定运行，有效地防止和杜绝各类安全事故的发生，特制定本制度。

第 2 条　适用范围

本制度适用于管理和使用设备的各班组成员。

第 2 章　设备安全检修要求

第 3 条　设备部、安全管理部以及生产部应根据安全检查情况进行综合分析后，对设备进行小修、中修和大修，并对维修情况进行评估。

第 4 条　设备的运行部位或运载区域内的检修必须在停机后、设备处于完全静止状态时进行。

第 5 条　设备检修前必须切断电源，并在电源处挂上警示牌。

第 6 条　检修中使用手电钻时必须戴上橡胶绝缘手套，电钻外壳应接地；使用的临时照明灯，电压不超过 36 伏。

第 7 条　需要动火时，必须先办理动火手续，分析可燃物含量合格并按规定审批后方可进行。

第 8 条　吊装、搬运设备及零部件时，要有专人指挥、专人操作起重设备，正确选用起吊绳索，严禁超负荷吊装。吊装物下严禁人员来往或停留。

第 3 章　设备检修验收要求

第 9 条　设备小、中、大修完成后，要对设备检修进行验收。验收要严格执行“三检”制度，检修人员需先进行自检并签字，然后互检，再由车间负责人组织检查验收。

第 10 条　车间主管、专业技术人员和设备操作人员要分别对设备的检修情况进行检验。

第 11 条　验收合格后，要填写“检修验收表”，经检修负责人和车间主管签字，设备主管人给出结论意见后归档保管。

第 12 条　验收不合格的设备应及时返回检修处返工，并按生产管理考核细则列入考核项。

第 4 章　设备清扫要求

第 13 条　操作人员应每班对设备清扫一次，清扫的同时检查设备各部件的完好情况。如发现不良现象，应立即进行维修，不能自行维修的，应上报车间主管。

第 14 条　设备检修前要做好设备的清扫处理工作，处理合格后方可开始检修。

第 15 条　清扫时保证周围环境清洁，不得有积灰、积水、油垢等杂物。

第 16 条　清洁设备时要注意各油标、油孔的清理，并保证设备的铭牌、固定资产标牌等的规整、清洁。

第 17 条　清扫完毕后，要将从设备上清理下来的灰尘、垃圾清扫干净。

第 18 条　待检修人员检修完毕后，操作人员应及时将拆卸、清洗、更换的零部件放在规定的地方整齐摆放，保持现场的清洁、畅通。

第 5 章　附　　则

第 19 条　本制度由生产部负责制定、解释和修订。

第 20 条　本制度经总经理审批后方可颁布实施。

修订记录	修订标记	修订处数	修订日期	修订执行人	审批签字

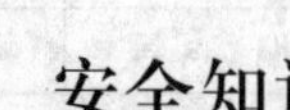

安全知识竞答

1. 检验和修理电气设备时，应切断电源，取下熔断器，挂上________的警告牌，________牌应谁挂谁取。

2. “5S” 指________、________、________、________、________。因为这 5 个词的日语发音以 “S” 起头，所以称为 “5S”。开展 “5S” 活动，目的是通过人们的努力改变工作环境，养成良好的工作习惯，达到提高工作效率、提高员工素质，确保安全生产的目标。

3. 车辆发生故障或隐患时应立即通知________修理，严禁私自处理及带病运行。

4. 起重机工作时不得进行________，不得在有载荷的情况下调整起升机构的限制器。

5. 生产设备及环境保护设施的操作者应严格按操作规程进行操作，做到 “三好” “四会”。“三好” 即________、________、________，“四会” 即________、________、________、________。

6. 安全检查分为：________、________、________、________、专业性检查、节假日检查、安全活动期间及整改的安全检查。

---

1. 答案：“有人工作，严禁合闸”　警告

2. 答案： 整理　整顿　清扫　清洁　素养

3. 答案： 维修人员

4. 答案： 检查和维修

5. 答案： 用好　管好　保养好　会使用　会保养　会检查　会排除故障

6. 答案： 日查　周查　月查　季节性检查

第十五章

严禁私拉乱接电线

安全漫画

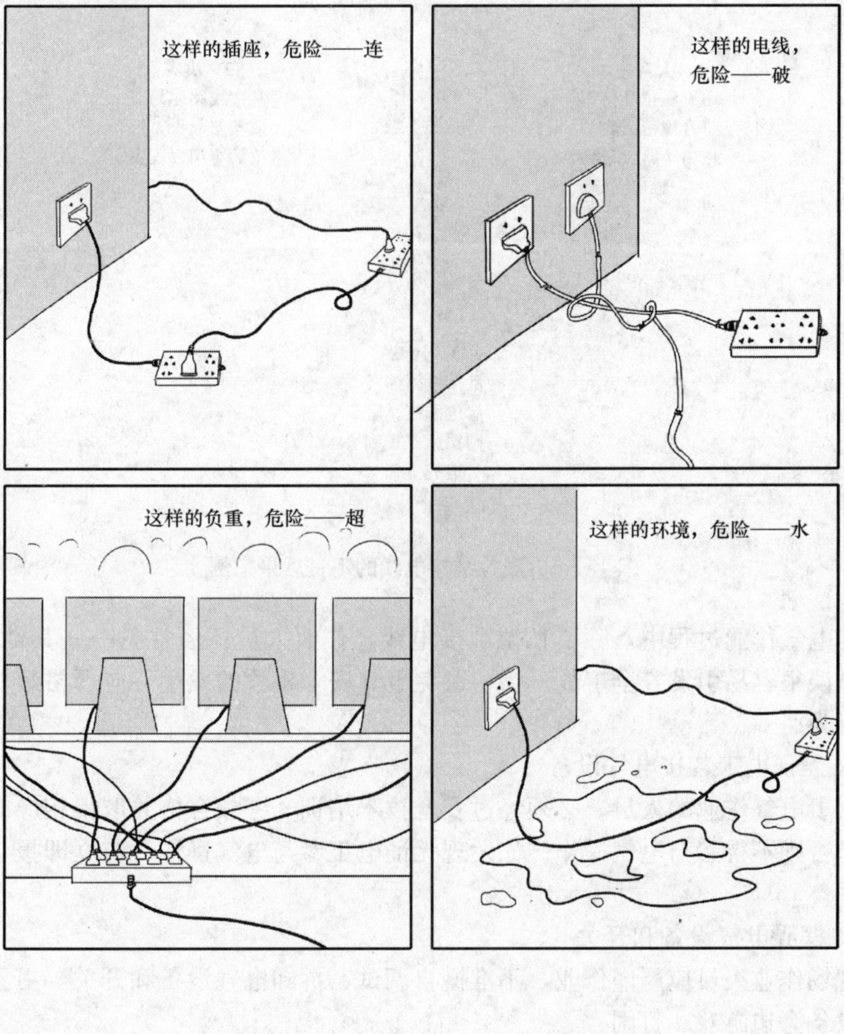

这样的插座，危险——连

这样的电线，
危险——破

这样的负重，危险——超

这样的环境，危险——水

安全禁令精讲

任何电线的布线作业都应遵守一定的技术规范，如果违反了这些规范就是私拉乱接电线。私拉乱接电线表现为作业时不经批准私自接电线、偷电漏电等。如果作业人员不是专业人员，就容易导致接线不符合技术规范，偷电漏电更是违法行为。

私拉乱接电线由于不符合用电规定和技术规范，会导致不良的后果。下面是较为典型的三种后果，如图 15—1 所示。

图 15—1　私拉乱接电线的不良后果举例

在电气作业过程中，除了私拉乱接电线，作业人员还经常犯一些其他错误，这些错误很容易引发安全事故。为了避免电气安全事故的发生，应严格禁止以下六种行为。

1. 无证电工装接电气设备

从事电气作业的人员，必须经过安全技术培训，考核合格并取得相应的资格证书，否则不得参与电气操作。如发现无证电工参与电气操作，应立即报告主管人员。

2. 摆弄电气设备和开关

现场作业人员应严谨作业，不准擅自调试、拆卸电气设备和开关，更不准在电气设备旁边游戏、打闹。

3. 启动挂有警告牌的设备

任何人不得启动挂有“有人工作，严禁合闸”或者拔掉熔断器的电气设备。

4. 用电炉等电热设备和灯泡取暖

5. 用水冲洗电气设备

操作人员在打扫卫生、清扫设备时，不准用水冲洗、用湿抹布擦拭电气设备。

6. 在埋有电缆的地方随便打桩动土

在埋有电缆的地方打桩容易使电缆受到损坏，因此，在打桩动土前应先明确电缆的具体位置，并办理好相关的手续，审批通过后方可进行施工。

安全案例细说

私拉乱接电线不仅不符合电气施工的要求，属于违章作业，而且违反了法律规定。

私拉乱接电线不符合电气作业规范，会造成严重的事故，对人的生命安全形成威胁，许多触电死亡事故就是由私拉乱接电线引起的。请看下面的案例。

王某是一家建筑公司的工人，由于夏天太热，他买了一个风扇太阳帽吹风。

他平时没看过电气相关的书，缺乏专业的电气知识。这天，他的风扇太阳帽的干电池没电了，他觉得直接到灯头上接电就可以给干电池充电。于是，他拧开自己宿舍的电灯头给风扇接电。当铁丝靠上灯头时，造成了触电，王某当场死亡。

王某缺乏基本的电气知识，也不向工友请教，自己私自接电，造成了悲剧，值得每一个人深思。下面又是一起因为私拉乱接电线而引发的事故。

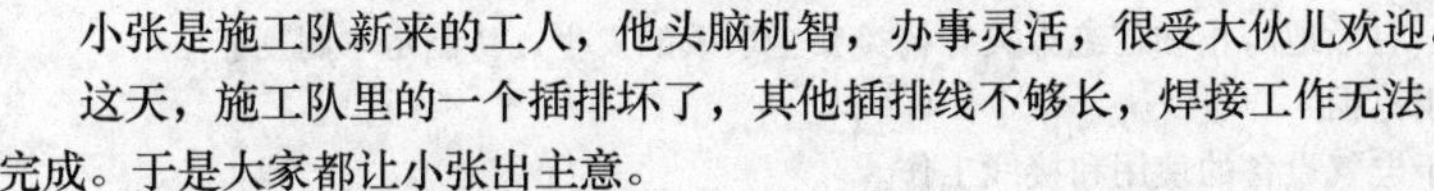

小张是施工队新来的工人，他头脑机智，办事灵活，很受大伙儿欢迎。

这天，施工队里的一个插排坏了，其他插排线不够长，焊接工作无法完成。于是大家都让小张出主意。

小张看着附近的宿舍灵机一动，想了一个法子：从宿舍接电，距离近，不需要那么多的线，一条线就够用。于是大伙儿就开始摆线，线果然够用，大家都很佩服小张。

接好电后，刚开始焊接没多久，就听到宿舍里传来“砰”的一声，停电了。大家赶紧跑过去看，发现宿舍着火了，着火源就是那个插排。

案例中，小张和他的工友未经批准，直接将作业用具插在宿舍电源上，属于违章用电，不符合作业规范。另外，宿舍用电不是施工用电，承受不了那么大的电压，电压超出负荷，很可能烧坏线路，引发火灾。小张和他的工友忽略了这一点，私自乱接电线，导致宿舍电线负荷过大，烧坏了电源插排，引起了火灾。

安全经典语录

■ 严格禁止违章违规操作，不得私拉电线。

■ 为了您的人身安全，请不要私拉电线。

■ 乱接电线开小灶，偿命那天终会到。

■ 私拉乱接易酿祸，请君平心细斟酌。

■ 保护生命刻不容缓，私拉乱接马上杜绝！

■ 为防电器发生火灾，请您安全用电。

■ 生命宝贵莫放松，安全用电须常讲。

安全操作工具

私拉乱接电线存在安全隐患，可能导致事故的发生。企业应该规范电气线路作业管理。下面是电气线路作业管理的一个制度范例。

制度名称	班组电气线路作业管理制度			受控状态	
				编　　号	
执行部门		监督部门		编修部门	

第 1 章　总　　则

第 1 条　目的

为了加强班组安全生产管理，规范员工的电气线路作业，确保设备的安全稳定运行，保障设备及员工的人身安全，有效地防止和杜绝火灾等各类安全事故的发生，特制定本制度。

第 2 条　适用范围

本制度适用于电气设备的使用和接线工作。

第 2 章　电气线路作业规定

第 3 条　电气线路作业人员须经专业培训，取得合格证后持证上岗作业。因故间断电气工作连续三个月以上者，必须重新学习相关知识，考试合格后方可恢复工作。

第 4 条　电气线路作业执行工作票制度和操作牌制度，明确作业负责人和监护人。

第 5 条　电工在电气线路作业前，应准备好作业所需的器材、工具，并穿戴好劳动防护用品。

第 6 条　作业负责人和安全监护人应始终在作业现场对作业人员进行监护。

第 7 条　严禁在雷、雨、雪、雾、大风等恶劣天气时进行电气线路作业。

第 8 条　应保证各种电气线路接头的导通接触面积不小于导线截面积，接头不应松动，防止因接触不良而引发事故。

第 9 条　严格控制临时线路的安装。若急需安装临时线路，则要保证有可靠的安全措施，夜间要保证足够的照明，经上级领导批准后，方可安装。

第 10 条　操作人员作业时，必须佩戴好个人劳动防护用品，严禁使用破损或失效的劳动防护用品。

第 11 条　电工应熟练掌握电气安全知识，了解设备的性能，熟悉触电的急救措施。

第 12 条　电工进行配供电设备线路作业和高处作业时，必须有专人监护。

第 3 章　临时线路铺设要求

第 13 条　铺设临时线路时，须保证线路绝缘性能良好，负荷适当，接头处包扎完好，无裸露出线现象。

第 14 条　铺设高度要符合安全要求，户内离地面高度不得低于 2.5 米，户外不得低于 3.5 米。

第 15 条　不得在不安全的地方铺设线路。严禁在有高压线或易燃、易爆、刺割、腐蚀、浇铸、辗压等的场地架设临时电气线路。

第 16 条　临时电气线路不得拖地，如必须拖地，则应加装可靠的安全套管，防止移动、磨损、碾压或割断电线。

第 4 章　防火防灾措施

第 17 条　作业人员在进行电气线路作业时，应了解电气线路发生火灾的主要原因。一般来说，电气线路发生火灾的主要原因是线路的短路、过载或接触电阻过大等产生的电火花、电弧或电线、电缆过热，具体如下图所示。

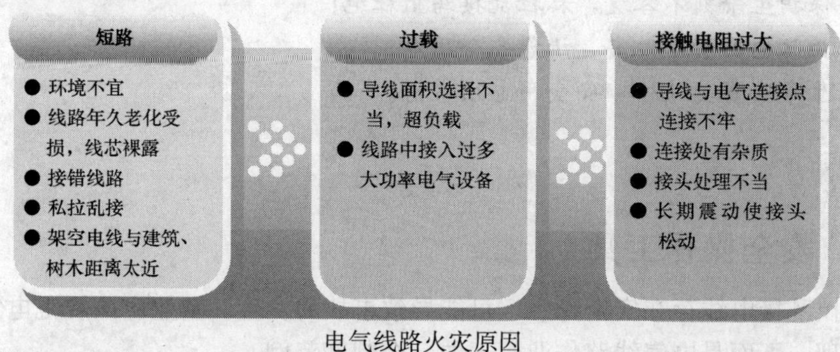

电气线路火灾原因

续表

<table>
<tr><td>制度名称</td><td colspan="3">班组电气线路作业管理制度</td><td>受控状态</td><td></td></tr>
<tr><td></td><td colspan="3"></td><td>编　号</td><td></td></tr>
<tr><td>执行部门</td><td></td><td>监督部门</td><td></td><td>编修部门</td><td></td></tr>
<tr><td colspan="6">第 18 条　作业人员应按照环境特点安装导线，应考虑温度、湿度、化学腐蚀等情况。
第 19 条　电工应定期对线路进行检查检测，避免线路损坏，消除因短路而引发火灾的隐患。
第 20 条　严禁私拉乱接电线和过多地接入负载。电工应定期检查线路负载和设备增减情况，避免接入过多大功率设备而使线路过载。
第 21 条　减少不必要的接头。接头应牢固可靠，接头不能沾上杂质或松动。
第 22 条　严格遵守电气安全技术规程，加强线路维护管理，及时消除火灾隐患，保证用电安全。
第 5 章　附　则
第 23 条　本制度由安全管理部负责制定、解释和修订。
第 24 条　本制度经总经理审批后方可颁布实施。</td></tr>
</table>

修订记录	修订标记	修订处数	修订日期	修订执行人	审批签字

安全知识竞答

1. 安全电压为________伏以下的电压，施工中不得私自________、________电源线，接、拆电源线时，必须由________人员处理。

2. 现场反“三违”，“三违”是指________、________、________。

3. 电流对人体的伤害主要有三种形式，即________、________和________。

4. 电气安全包括________和________。

5. 电气事故有________、________、________、________、________、________。

6. 违章用电是指________，严重危及________的用电行为。

7. 窃电是指在供电线路上________用电、绕越电能表用电、改变供电________接线用电，或通过伪造、启动表计封印及其他方式使电能表计量不准。

8. 船舶接岸电时应先用测电笔测一下________否有电。

1. 答案：36　接　拆　三供

2. 答案：违章指挥　违章操作　违反劳动纪律

3. 答案：电击　电伤　电磁生理伤害

4. 答案：人身安全　设备安全

5. 答案：人身触电死亡　导致电力系统停电　专线掉闸或全厂停电　电气火灾　重要或大型电气设备损坏　停电期间向电力系统倒送电

6. 答案：直接损害国家电费收入　人身、设备安全

7. 答案：私自接线　计量装置

8. 答案：接线拄

第十六章

严禁无消防措施动火作业

安全漫画

安全禁令精讲

动火作业，即在生产企业重点防火部位或严禁明火区实施明火或易燃作业，包括禁火区临时电线的架设。

生产企业内常见的动火作业包括在具有火灾、爆炸危险的场所内进行下面几项作业或使用这些场所的设施，如图 16—1 所示。

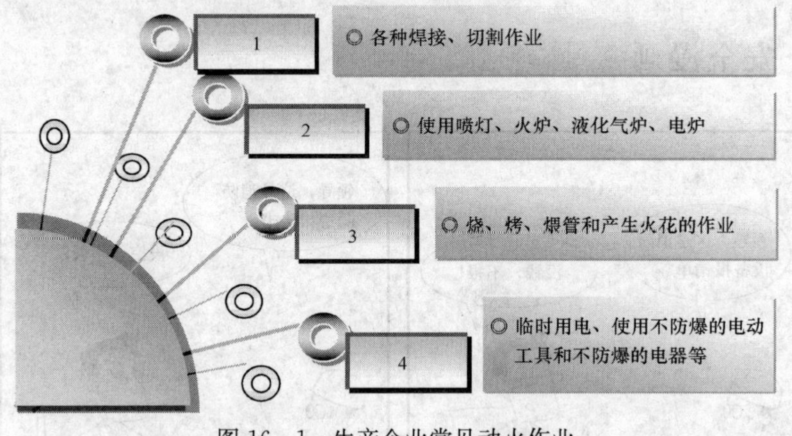

图 16—1　生产企业常见动火作业

生产企业根据用火部位的危险程度，可以将用火分为一级用火、二级用火和固定用火，如图 16—2 所示。

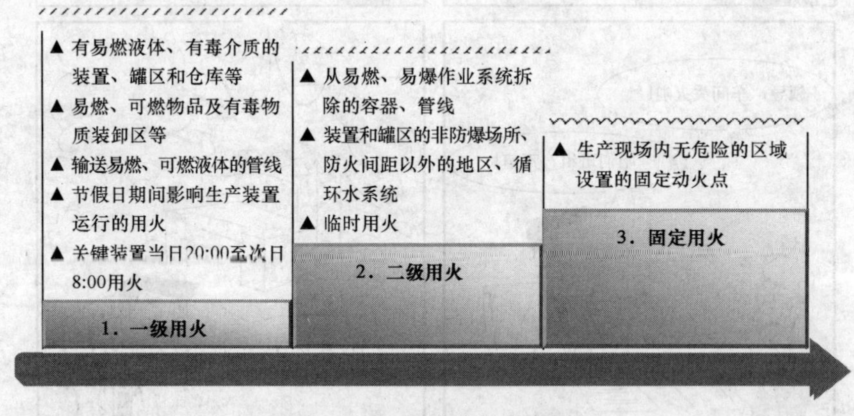

图 16—2　用火分级示意图

在生产现场，不恰当的动火作业有可能引发火灾，给现场的作业人员带来人身危害，给企业造成很大的损失。因此，在进行动火作业时，一定要遵守动火作业规定，不能违章操作，不能在没有安全防护措施的情况下动火。

动火作业要做到“八不”和“四要”，“八不”如图 16—3 所示。

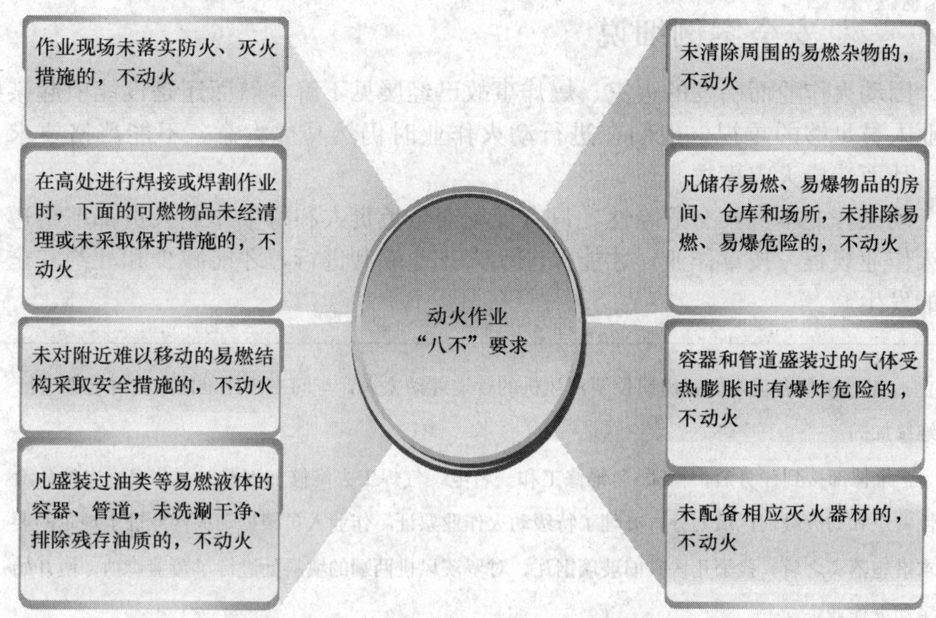

图 16—3　动火作业“八不”要求

“四要”是对生产企业动火人员的作业规范提出的要求，如图 16—4 所示。

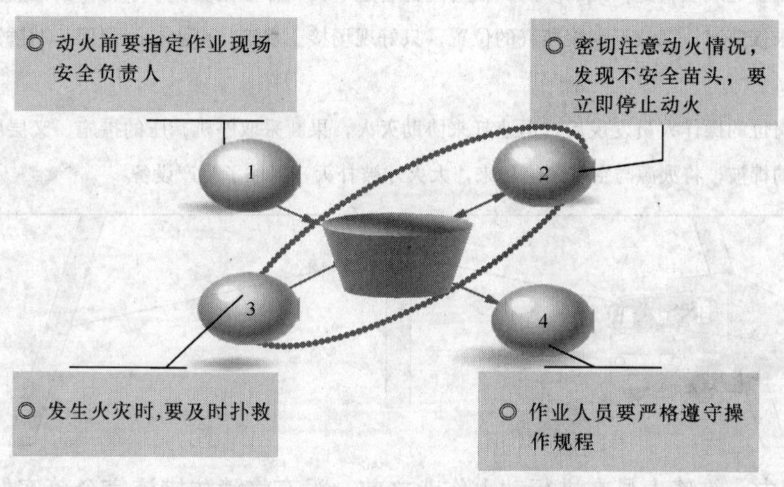

图 16—4　动火作业“四要”规定

安全案例细说

因动火作业而引发的火灾、爆炸事故已经屡见不鲜，然而还是没能引起某些作业人员足够的重视。他们在进行动火作业时仍然马虎大意，不能严格要求自己，从而造成火灾事故。

动火作业本身具有危险性，只有现场安全负责人和每个作业人员都严格遵守动火作业规程，按章作业，才能保证动火作业顺利进行，才能减少和杜绝安全事故的发生。

某化工厂合成车间脱硫岗位罗茨风机的管道震动太大，车间主任让维修人员对管架进行维修加固。

维修部接到任务后，指派3名维修工和一名电、气焊工去维修加固管架，并根据岗位危险性特点和动火级别区域划分，办理了特级动火作业票证。作业人员根据动火作业证上规定的要求措施落实之后，找来几块破旧玻璃钢瓦，对罗茨风机两端的填料处进行了覆盖遮挡，便开始了动火作业。

作业人员先对北侧进行了检查焊接，然后转移到设备的上方。焊工刚点焊了两下，设备南端填料处就开始起火。现场作业人员立即拿灭火器灭火，然而没有效果，而且火势窜入北端，引燃了北端填料处，继而罗茨风机周围都着起了火。作业人员慌了手脚，去拉蒸汽管时才想起未接蒸汽，又找不到接蒸汽的位置，只好现场接上水管，可水管阀门因长期锈蚀而打不开。

同岗位的操作人员发现后，迅速赶来协助灭火，果断采取停机减压的措施，又层层盖上打湿了的棉被，将火源与空气隔绝起来，大火才被扑灭，保住了生产设备。

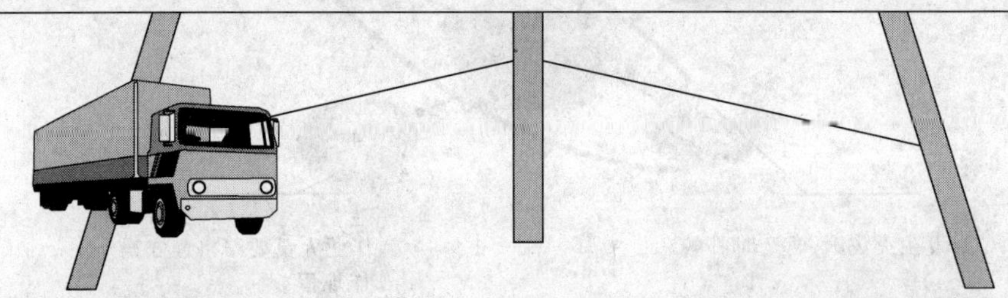

案例中，维修人员在进行动火作业之前，没有将消防措施完全落实好，起火时不能及时使用蒸汽灭火，导致火势扩大。而且，作业人员灭火时没有先停止机器运转，致使灭火措施不能奏效，差点把机器设备烧毁。详细分析如图 16—5 所示。

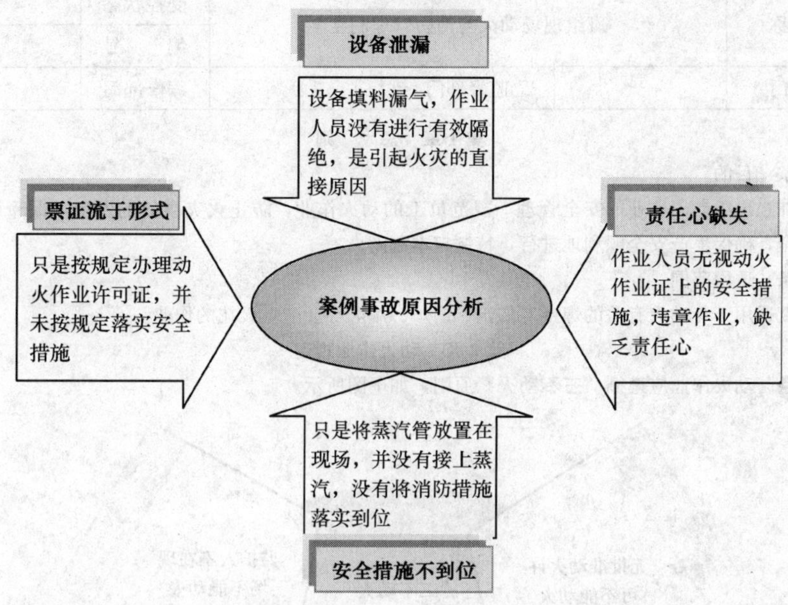

图 16—5 案例事故原因分析

安全经典语录

- 动火无消防，失火就遭殃。
- 不与生产系统可靠隔绝，就严禁动火。
- 动火之前勤思考，风险分析少不了。
- 特殊工种电气焊，注意动火要安全。
- 动火分析不可少，合格之后把火点。
- 办证流于形式，大火烧醒众人。
- 火灾不难防，重在守规章。

安全操作工具

无消防措施的动火作业很可能会引发火灾事故。为了避免火灾事故的发生，企业应该制定现场动火与消防管理制度，下面是一个范例。

<table>
<tr><td rowspan="2">制度名称</td><td colspan="3" rowspan="2">班组现场动火与消防管理制度</td><td>受控状态</td><td></td></tr>
<tr><td>编　　号</td><td></td></tr>
<tr><td>执行部门</td><td></td><td>监督部门</td><td></td><td>编修部门</td><td></td></tr>
</table>

第1章　总　　则

第1条　目的

为了加强班组动火作业的安全管理，规范员工的动火作业，防止火灾事故的发生，保障设备及员工人身安全，确保生产安全顺利地进行，特制定本制度。

第2条　适用范围

本制度适用于与动火有关的焊接、切割、锅炉、用电等会产生火花的作业。

第2章　动火作业规定

第3条　动火作业应遵循“三不动火”原则，如下图所示。

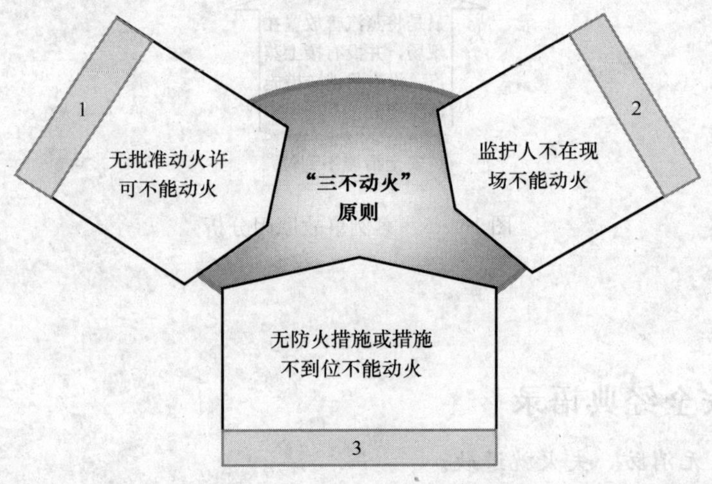

“三不动火”原则

第4条　在生产区域内，凡可动可不动的火，一律不动；凡能拆下来的设备、管线，都要拆下来移到安全地方动火；严格控制一级用火。

第5条　进入设备内部动火或者高处作业动火时，必须遵守相应的动火管理规范。

第6条　动火过程中如发生异常情况，必须立即停止作业。

第7条　动火作业人员须持有效的工作证件，严格遵循“三不动火”原则。对不符合原则的动火要求，作业人员有权拒绝。

第3章　动火消防要求

第8条　作业现场要有明显的防火宣传标志，动火人员都需进行防火教育和培训。

第9条　动火现场必须设置消防通道，道路宽度要符合规定。通往作业区和生活区的消防通道不得小于3.5米，不能环行的消防通道应在适当地点修建回转车辆场地。

第10条　动火作业现场要配备足够的消防器材，并做到布局合理。要经常对消防器材、设施进行维护、保养，保证其灵敏有效。

第11条　现场进水管直径不小于10厘米，消防栓处要设有明显标志，并配备足够的水龙带，周围3米内不准存放任何物品。

续表

<table>
<tr><td>制度名称</td><td colspan="3">班组现场动火与消防管理制度</td><td>受控状态</td><td></td></tr>
<tr><td></td><td colspan="3"></td><td>编　号</td><td></td></tr>
<tr><td>执行部门</td><td></td><td>监督部门</td><td></td><td>编修部门</td><td></td></tr>
<tr><td colspan="6">第 12 条　作业现场和生活区，未经上级批准不得使用电热器具。
第 13 条　应设立专门的仓库储存易燃易爆物品，易燃易爆物品应分类单独存放，库内严禁吸烟。
第 14 条　电气焊切割作业动火前，要清除附近易燃物，配备看火人员和灭火用具。
第 4 章　附　则
第 15 条　本制度由安全消防部负责制定、解释和修订。
第 16 条　本制度经总经理审批后方可颁布实施。</td></tr>
</table>

修订记录	修订标记	修订处数	修订日期	修订执行人	审批签字

安全知识竞答

1. 根据作业区域火灾危险性的大小，公司的动火作业可以分为：________、________、________。

2. 常见的易燃易爆场所有哪些？

3. 火灾爆炸危险场所应禁止使用明火烘烤结冰管道设备，宜采用________、________等化冰解堵。

4. 禁止把________及乙炔气瓶放在一起运送，也不准与易燃物品或装有________的容器一起运送。

5. 对于有静电火花产生的火灾爆炸危险场所，提高________可以有效减少静电的危害。

6. 燃烧的必要条件：________、________、________。

7. 凡是在禁火区域内进行的动火作业，均须办理________。

1. 答案：特级　一级　二级

2. 答案：危险化学品库、油库、油罐、燃气库（站）、锅炉、铸造熔炼炉、压力容器及工业气瓶、燃气燃油管道、涂装作业场所、木料场所等。

3. 答案：蒸汽、热水

4. 答案：氧气瓶　可燃气体

5. 答案：环境湿度

6. 答案：可燃物　助燃物　着火源

7. 答案：“动火作业许可证”

第十七章

严禁生产场地环境不良

安全漫画

——生产环境不清洁，机械设备也遭殃！

安全禁令精讲

生产现场环境是指工厂车间或其他进行生产活动的场所的各种条件。每个生产现场的环境各不相同，通常包括布局规划、照明、空气状况、卫生条件、噪声、各种标志等。

不良的生产现场环境是指作业环境中存在不良布设和有害因素。不良布设是指生产现场的设备、设施、通道的布局不合理。而有害因素主要是指生产现场环境中存在影响生产或者对职工的身体健康产生危害的因素。

不良布设主要表现在地面太滑、作业场所狭窄、地面不平、梯架残缺、安全通道杂乱、采光照明不良等方面，具体如图17—1所示。

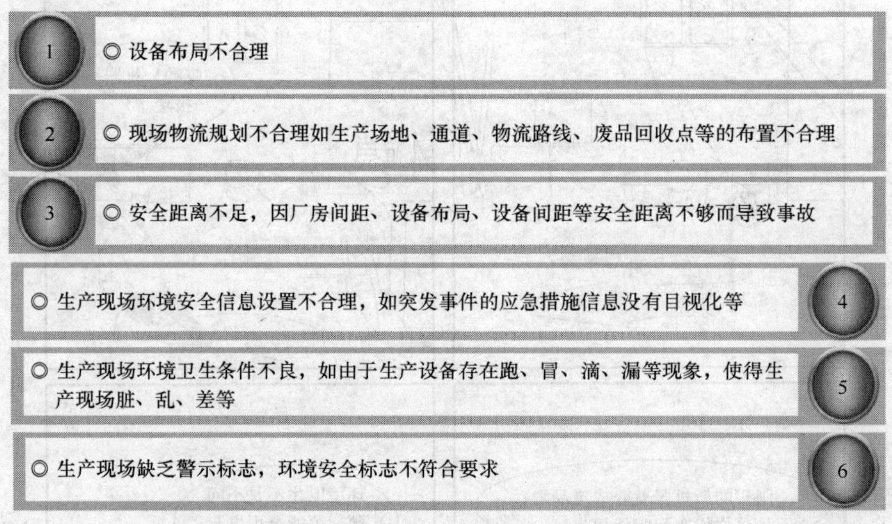

图17—1　现场环境中的不良布设

生产现场除了布设不合理之外，环境中还存在着各种化学性、物理性的有害因素，这些有害因素造成了空气、噪声污染，温度、湿度和气压不适，辐射毒害等环境的不良状况，具体如图17—2所示。

为了保证良好的作业环境，排除各种安全隐患，避免现场作业人员患上职业病，企业各生产车间应该采取措施，对生产现场的环境进行改善，改善的具体措施如图17—3所示。

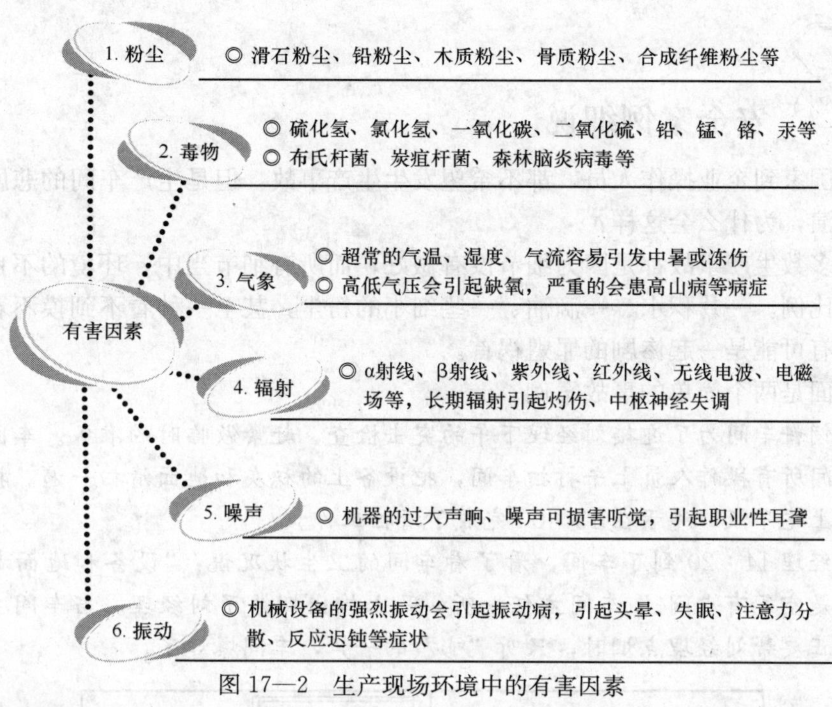

图 17—2　生产现场环境中的有害因素

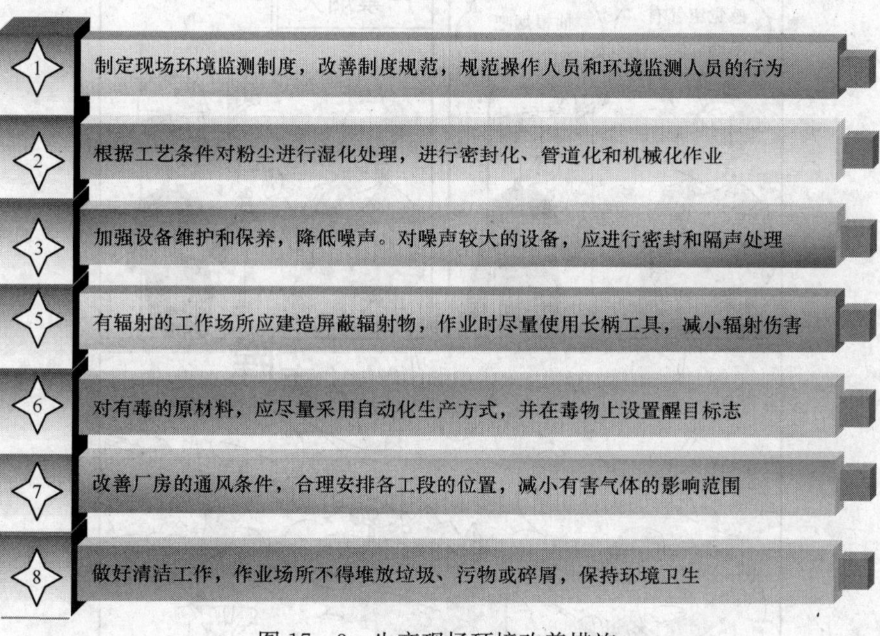

图 17—3　生产现场环境改善措施

安全案例细说

从国家到企业操作人员，都不希望发生生产事故，但是生产车间的悲剧仍然还在上演，为什么会这样？

大多数生产事故都是因为细节没有做好，而所有细节当中，环境的不良状况占很大比例。一片积水、一滴油、一些细小的粉尘，甚至一种看不到摸不着的气体，都有可能是一起惨剧的罪魁祸首。

下面是两个简单的事故案例。

某饲料车间为了迎接刘经理下午的突击检查，赶紧做临时的准备。车间主任组织车间所有操作人员上午打扫车间，把设备上的积灰和地面清扫一遍。操作人员顾不上吃午饭，终于在13：00完成了清扫工作。

刘经理14：20到了车间，看了看车间的卫生状况说：“设备和地面都很干净，但是空气有点闷。”车间主任一听，马上掏出烟给了刘经理。当车间主任打着火，正要帮刘经理点烟时，只听“嘭”的一声，车间爆炸了。

经统计，这场爆炸事故造成3人死亡、6人重伤，车间主任由于最接近爆炸源，永远地失去了生命。

经过调查，事故的主要原因是车间长期未进行清洁打扫，临时打扫积灰时扬起各种饲料粉尘混合物，空气中粉尘浓度较大，再加上车间主任点烟打火，引起了粉尘爆燃，产生了“爆炸”。

下面这个案例也是由于不良的环境因素引发的事故。

一天，小王和小张上中班。由于要赶进度，他们没有按要求先打扫地面卫生，而是直接开动机器进行生产作业。

在作业过程中，小王没注意到地面上的积水，踩到上面滑倒了，脚滑到了设备的传送带上，传送带把脚绞了进去。小张看到后，赶紧关上了电源。经过治疗，小王的脚做了接骨手术，但走路已不再像以前那样方便。

一小片积水，给小王的教训是深刻的。对新入职员工进行培训时，小王经常用自己的亲身经历来教育员工，让他们不要忽视作业环境的重要性，一定要做好作业前后的清扫工作，保持现场良好的环境。

由以上案例可以看出，不良的生产环境可以带来很大的伤害。现场的所有人员应该注意每一个细节，保证安全的作业环境。

安全经典语录

- 上风口的人要考虑下风口的人，保持空气清洁。
- 营造安全氛围，创造安全环境。
- 绿叶底下防虫害，平静之中防隐患。
- 空气质量数第一，无油无尘无毒气。
- 若想保障安全生产，环境卫生不可小看。
- 常开门窗常通风，安全思想为第一。
- 包装岗位细粉扬，环保措施要跟上。

安全操作工具

生产环境不良不但会给作业人员带来职业病危害，还有可能造成安全事故，因此企业要管理好现场的作业环境。下面是一个生产现场环境管理制度的范例。

制度名称	生产现场环境管理制度			受控状态	
				编　号	
执行部门		监督部门		编修部门	

第1章　总　　则

第1条　目的

为了加强公司对生产作业环境的管理，为班组作业人员创造一个良好的工作环境，提高生产效率，防止安全事故的发生，特制定本制度。

第2条　适用范围

本制度适用于涉及生产作业环境的相关管理工作。

第2章　设备布局安全要求

第3条　生产设备的布置，首先要满足工艺流程的要求，其次要满足安全与卫生的要求。

第4条　设备布局必须综合考虑便于操作、安全、作业流动等因素。在布置各种大、中、小型生产设备时，必须确保各设备之间有足够的空间。

第5条　布置大型机械设备时，应考虑操作时原料、半成品、成品和废料的摆放，同时应考虑到操作者的动作不干扰别人。因此，设备布局必须留有宽敞的通道和充足的出料空间。

第6条　生产现场中，高于2米的运输线必须有防护网或防护罩保护。若使用防护网，则网格的大小应能阻止所运输的物件坠入地面。运输线的两端始终应有防护栏的保护，其高度不得低于1米。

第3章　工位器具、工件、材料安全摆放规范

第7条　生产现场的原材料、半成品、成品等必须按照操作顺序，整齐地放入指定的区域，并有安全可靠的固定措施，禁止乱摆乱放。

第8条　生产所用的工位器具、模具、夹具、量具等必须放到指定的地方，防止坠落伤人。

第9条　生产用原材料必须限量放入生产现场，以免造成地方拥挤或其他事故，具体存放量标准如下。

1. 白班不超过加工额的1.5倍，夜班不超过加工额的2倍。

2. 大件原材料必须按额度领取，禁止超过当班的生产额度存放。

第4章　生产现场地面安全管理

第10条　合理规划生产现场的地面，用不同的颜色将生产现场的地面科学地划分为不同的区域，安全通道必须以绿色、醒目的标志标示出来。

第11条　生产现场所划定的各区域的间距要合理，其中人行通道不得小于1米，车行道（主要指叉车、推车等）不得小于2米，成品车间货车行道不得小于3米。

第12条　生产现场的布置必须保证各通道的畅通，任何人不得以任何理由占用通道，违者将按相关规定进行教育和惩处。

第13条　生产现场中因生产需要而设置的坑、沟、壕等，必须有足够支撑力的物品覆盖或有防护栏，夜间必须有照明，以防发生安全事故。

第14条　产品生产过程中出现的垃圾、废料、废水、废油等，必须按划分的责任区域或承包的区域及时处理，不得将此类废品带入下一道工序。

第15条　生产现场的人行道或空地应保持平坦，不得有障碍物或绊脚的物品；若有，则应该设置醒目的警示标志或安放防护栏。

续表

<table>
<tr><td rowspan="2">制度名称</td><td colspan="3" rowspan="2">生产现场环境管理制度</td><td>受控状态</td><td></td></tr>
<tr><td>编　号</td><td></td></tr>
<tr><td>执行部门</td><td></td><td>监督部门</td><td></td><td>编修部门</td><td></td></tr>
<tr><td colspan="6">

第 5 章　生产现场防尘、防毒与减噪管理

第 16 条　生产现场要注意防尘、防毒。加强防尘、防毒设备的检查检修与保养工作，确保设备在作业时间内正常运转，确保设备的主管道与支管道无破裂、泄漏的状况。

第 17 条　防尘、防毒设备的滤料或组件应根据使用说明书定期更换，保证其完好有效。

第 18 条　生产现场所产生的噪声要符合国家规定的标准，超过标准的要限期整改。

第 19 条　对于产生噪声的设备和流程，生产部门应会同技术部门，通过采用新技术、新工艺、新设备或新材料等手段，使得生产现场的噪声符合标准。

第 20 条　新建、改建、扩建或引进的工程项目，以及采用新技术、新工艺、新设备、新材料等所产生的噪声水平，必须严格执行鉴定审查流程。未进行鉴定或鉴定结果不合格的，一律不准施工和投入生产。

第 6 章　附　　则

第 21 条　本制度由生产部负责制定、解释和修订。

第 22 条　本制度经总经理审批通过后方可颁布实施。

</td></tr>
</table>

<table>
<tr><td rowspan="3">修订
记录</td><td>修订标记</td><td>修订处数</td><td>修订日期</td><td>修订执行人</td><td>审批签字</td></tr>
<tr><td></td><td></td><td></td><td></td><td></td></tr>
<tr><td></td><td></td><td></td><td></td><td></td></tr>
</table>

安全知识竞答

1. 企业生产班组每周安全活动要做到__________、__________、__________三落实。

2. 安全通道禁止堆放物料，以保持通道畅道，__________、__________架空时，需按要求分道架设。

3. 遵守有关环境保护方面的法律法规及规章制度，养成文明生产的好习惯，做到__________、__________、__________。

4. 能见度不良是指能见度在__________米以下。

5. 公司内不许吸烟，厂区及船上必须在__________吸烟。

6. 舱室道门打开后要进行__________，经__________、__________合格后方可进入，进入密闭舱室必须挂__________，人员离开应及时取回。

1. **答案：**人员　时间　内容
2. **答案：**管　线
3. **答案：**工完　料清　场地净
4. **答案：**1 500
5. **答案：**指定地点
6. **答案：**通风　测氧　测爆　进舱卡

第十八章

严禁冒险进入危险场所

安全漫画

——危险场所有老虎，路过请您绕着走！

安全禁令精讲

危险场所是指进行现场作业时，可能对进入的人员造成人身伤害的场所。

建筑施工中常见的危险场所包括施工脚手架附近、起重机下面、高压电周围等。生产工厂车间内常见的危险场所有封闭空间、易燃易爆物品储存区、货架不稳处、玻璃堆放过高处、毒气浓度过高的区域等，具体说明如图18—1所示。

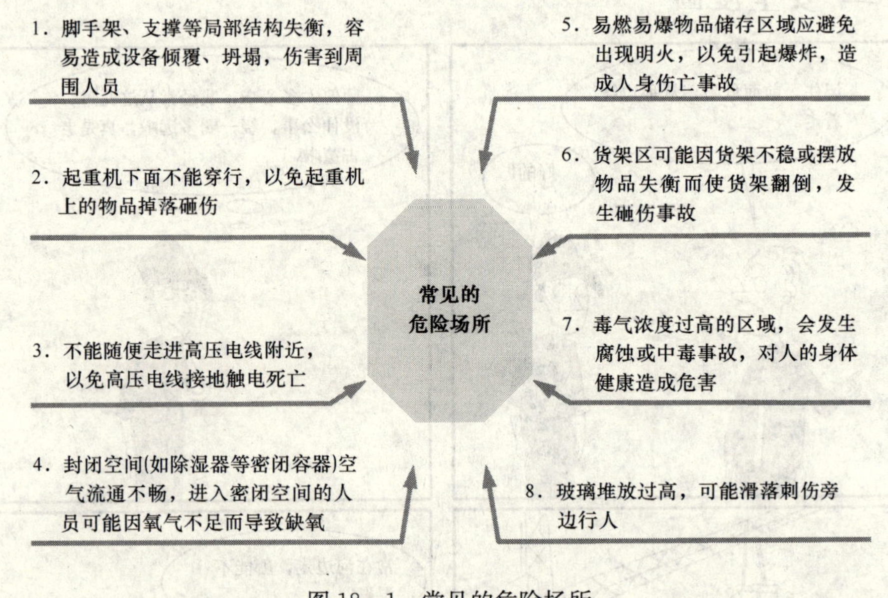

图18—1　常见的危险场所

在危险区域中，火灾危险场所和爆炸危险场所发生事故所造成的人员伤亡和经济损失普遍较大，工厂或企业人员应该重视对这两个危险场所的管理。

火灾危险场所，即职工在生产、使用、储存和运输可燃物质或具备燃烧条件的材料的过程中，能够引起火灾危险的场所。

爆炸危险场所，即职工在生产、使用、储存和运输易燃易爆材料时，能形成爆炸性混合物且有潜在爆炸危险的场所。

根据发生事故的原因和表现，可将火灾危险场所和爆炸危险场所分为三类，如图18—2所示。

作业人员冒险进入危险场所，人身安全会受到威胁，最终会导致事故的发生。

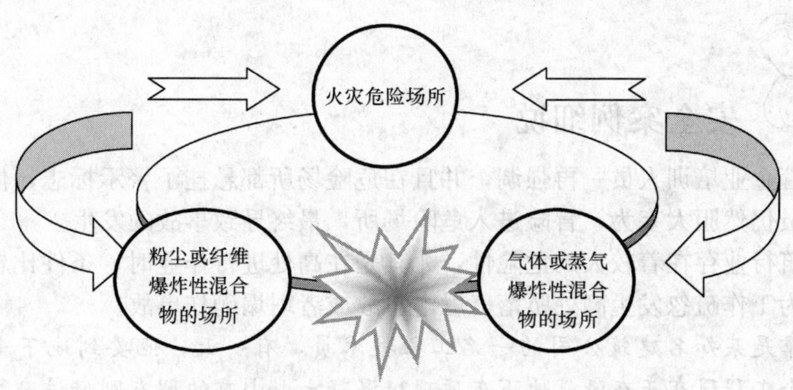

图 18—2　爆炸火灾危险场所分类

为了保障作业人员的安全，企业应该采取挂警示牌、张贴安全标语等措施，防止作业人员进入危险场所，具体的防护措施如图 18—3 所示。

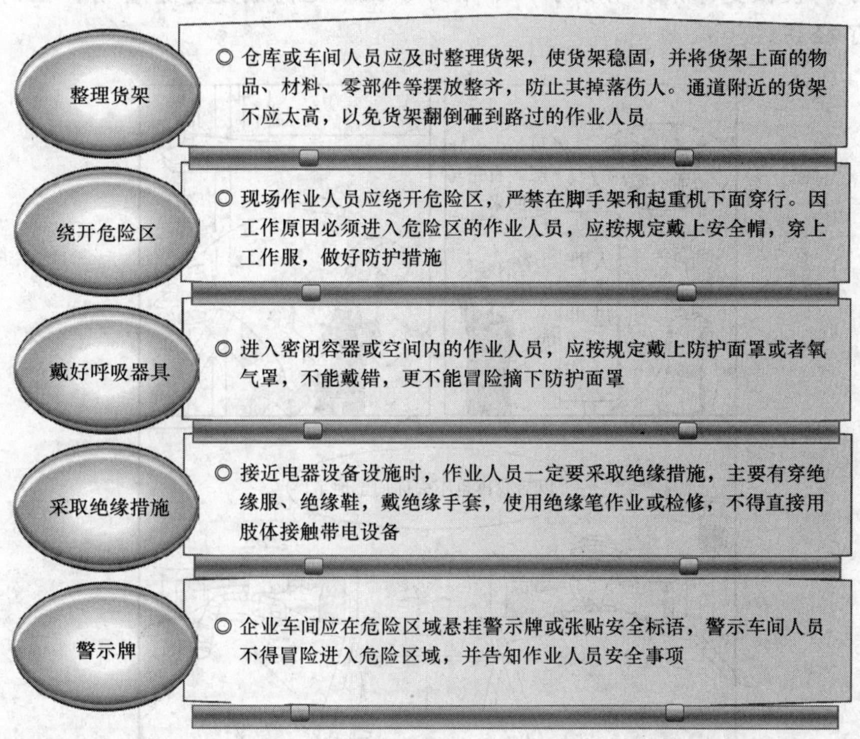

图 18—3　危险场所具体的防护措施

安全案例细说

尽管企业培训人员一再强调，并且在危险场所都悬挂了警示标志，但是有些作业人员仍然胆大妄为，冒险进入危险场所，最终导致事故的发生。

建筑行业存在着较大的危险性，尤其是在高处进行作业时，条件比较差，有可能因为工作疏忽发生高处坠落、触电事故或者坍塌砸伤事故。

小章是某知名建筑公司的一名工程技术员，有一天，他要到地下车库去监工，这个工程现在正在浇筑地下车库顶板混凝土。小章的朋友刚好过来找他，于是，就随他一起去了地下车库施工现场。

本着负责任的精神，他需要走近浇筑的模板观察一下施工情况。他朋友没见过，也想去看看。可为了保障安全，工程规定不允许非工作人员随便进入场地。小章推脱不过朋友的一再请求，让他进入了施工现场。不幸的事情发生了，模板支撑系统坍塌了，小章为了保护他的朋友受了重伤，他的朋友也受了轻伤。

小章明知道不能让朋友冒险进入危险场所，却拗不过朋友的请求，让朋友进入了工地施工现场，结果两人都受了伤，小章得到了血的教训。

安全经典语录

■ 危险禁地，不得随便进入。
■ 进入密闭容器，一定要戴好安全面罩。
■ 生命第一莫放松，起重机下不可行。
■ 铲车行驶颠得很，奉劝车上莫站人。

安全操作工具

火灾爆炸危险场所是最易发生危险、造成重大损失的场所，企业要加强对这些场所的管理。下面是一个火灾爆炸危险场所安全管理的范例。

制度名称	火灾爆炸危险场所安全管理			受控状态	
				编　号	
执行部门		监督部门		编修部门	

第1章　总　　则

第1条　目的

为了加强对公司火灾爆炸等危险场所的管理，规范危险场所作业人员的行为，防止伤亡事故的发生，特制定本制度。

第2条　适用范围

本制度适用于公司所有与火灾爆炸危险场所相关的工作。

第2章　危险等级划分

第3条　爆炸危险场所可分为特别危险场所、高度危险场所和一般危险场所三个等级。

第4条　火灾危险场所可分为三个等级，如下图所示。

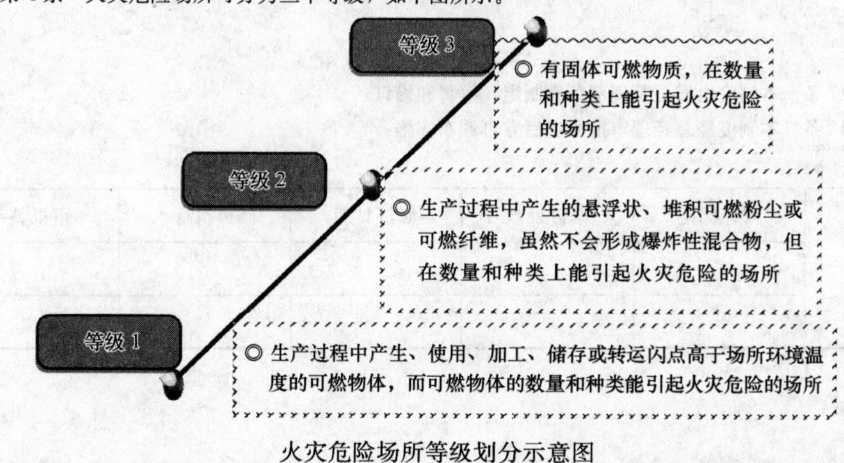

火灾危险场所等级划分示意图

续表

<table>
<tr><td rowspan="2">制度名称</td><td colspan="3" rowspan="2">火灾爆炸危险场所安全管理</td><td>受控状态</td><td></td></tr>
<tr><td>编　号</td><td></td></tr>
<tr><td>执行部门</td><td></td><td>监督部门</td><td></td><td>编修部门</td><td></td></tr>
</table>

第5条　公司安全管理人员在划分危险等级时，应对发生过重大事故或环境较差的危险场所提高一个危险等级。

第3章　火灾爆炸危险场所安全管理

第6条　公司对火灾爆炸危险场所的设备应定期进行检查、维护保养和检修，每台设备都应由专人负责管理。

第7条　火灾爆炸危险场所的管理人员和操作人员，都必须经过培训，考核合格后方能上岗。

第8条　对于不按规定操作设备的员工，公司车间应采取严厉的惩罚措施。

第9条　车间管理人员应安排人员在火灾爆炸危险场所设置标有危险等级和注意事项的警示牌，设置专人进行管理。

第10条　设备检修人员对设备进行检修时，应采取完善的安全保护措施，不得马虎大意。

第11条　火灾爆炸危险场所的机动车辆必须采取有效的防爆措施，作业人员的工具、防护用品应符合防爆要求。

第12条　公司需派出专人对火灾爆炸危险场所内的安全设施进行管理，经常检查，保持安全设施完好的工作状态，并做好检查记录。

第13条　任何人不得擅自拆除安全设施或将安全设施挪作他用，违反此规定者予以开除。

第14条　生产现场或仓库内的危险物品应分类存放，并标上明显的标志。

第15条　堆放的危险物品之间应留有足够的距离和安全通道，危险物品不得堆垛过高。

第16条　公司仓库和储存区应制定专门的安全管理制度，周围不能进行试验、分装、焊接等作业。

第4章　附　　则

第17条　本制度由安全管理部负责制定、解释和修订。

第18条　本制度经总经理审批通过后方可颁布实施。

<table>
<tr><td rowspan="3">修订记录</td><td>修订标记</td><td>修订处数</td><td>修订日期</td><td>修订执行人</td><td>审批签字</td></tr>
<tr><td></td><td></td><td></td><td></td><td></td></tr>
<tr><td></td><td></td><td></td><td></td><td></td></tr>
</table>

安全知识竞答

1. 电工作业人员、金属焊接（气割）作业人员、起重机械作业人员、机动车辆驾驶人员、指挥、建筑登高架设作业人员等特种作业人员，必须持有有效的《__________》方可上岗。

2. 火灾事故由安全环保部专职消防人员根据相关的应急预案进行处置，其他人员在发现火势不可控制后要__________危险场所。

3. 空气中正常氧气含量为21%，低于__________则为缺氧，在高浓度氧的环境下，织物燃烧比正常情况下要__________。

4. 电磁场的安全措施____________________、____________________、____________________。

5. 起重机司机如遇到突然停电或电压下降等故障、重物无法放下时，应立即__________，通知__________，并将危险区用__________，挂上“__________”标志，报告领导组织抢修。

6. 起重作业，应事先清理起吊地点及运行通道上的__________，招呼无关人员__________。

7. 具有火灾爆炸危险的作业场所，必须设置防火墙和安全通道，出入口不应少于__________个，门窗应向__________开启，通道和出入口应保持通畅。

---

1. 答案： 特种作业操作证

2. 答案： 立即撤离

3. 答案： 18%　迅速

4. 答案： 屏蔽发生源　控制与发生源间的距离　个体防护

5. 答案： 发出信号　下面人员迅速让开　绳子围好　禁止通行

6. 答案： 障碍物　避让

7. 答案： 两　外

第十九章

严禁随意处理作业垃圾

安全漫画

——垃圾丢错，等于闯祸！

安全禁令精讲

作业垃圾是指企业在生产作业过程中产生的不需要的、无用的固态或液态物质。

企业在生产时，都会产生一些作业垃圾。对这些作业垃圾随意处理或处理不当都可能引发安全事故，造成经济损失。

作业垃圾多种多样，为了对不同的垃圾进行分类处置和回收利用，最大限度地实现垃圾资源再利用，减少垃圾处置量，企业应先对作业垃圾进行合理分类。一般情况下，可以将垃圾分为以下三类，如图 19—1 所示。

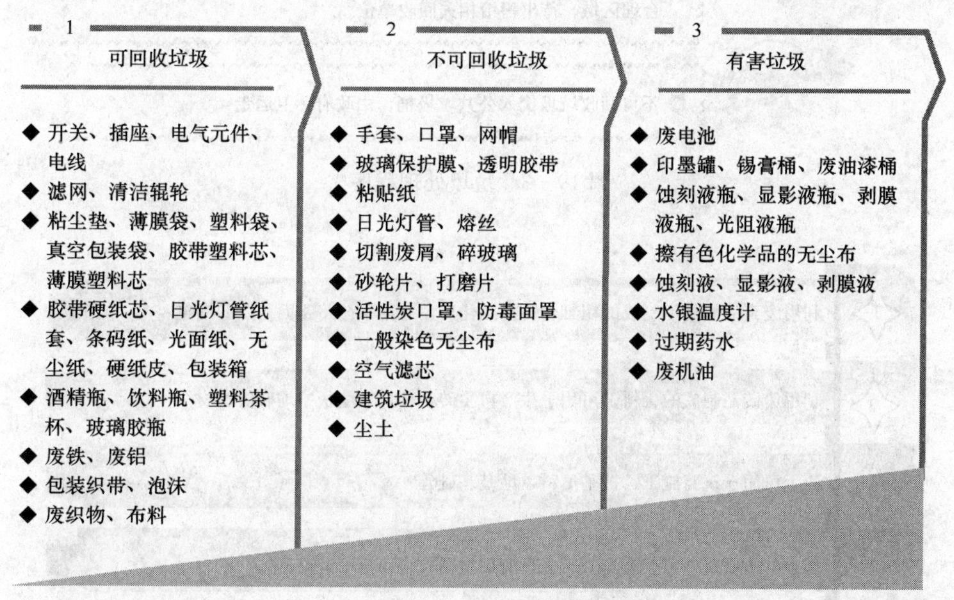

图 19—1　作业垃圾分类

垃圾的种类不同，化学性质和物理性质也各不相同，有的可以进行回收利用，变废为宝；有的不可回收利用，应该进行填埋或焚烧；有的则是有害垃圾，接触后会受到不良影响。

在对作业垃圾进行处理时，根据垃圾种类的不同，应该采取不同的处理方法和程序。但是一般情况下，可以采取以下程序来进行处理，如图 19—2 所示。

在所有作业垃圾中，建筑施工垃圾的量是最大的，但它并不是真正的垃圾，只要对它进行一些处理，建筑垃圾就会变废为宝，为企业所用。重新回收利用建筑垃圾可以采用以下七种方法，如图 19—3 所示。

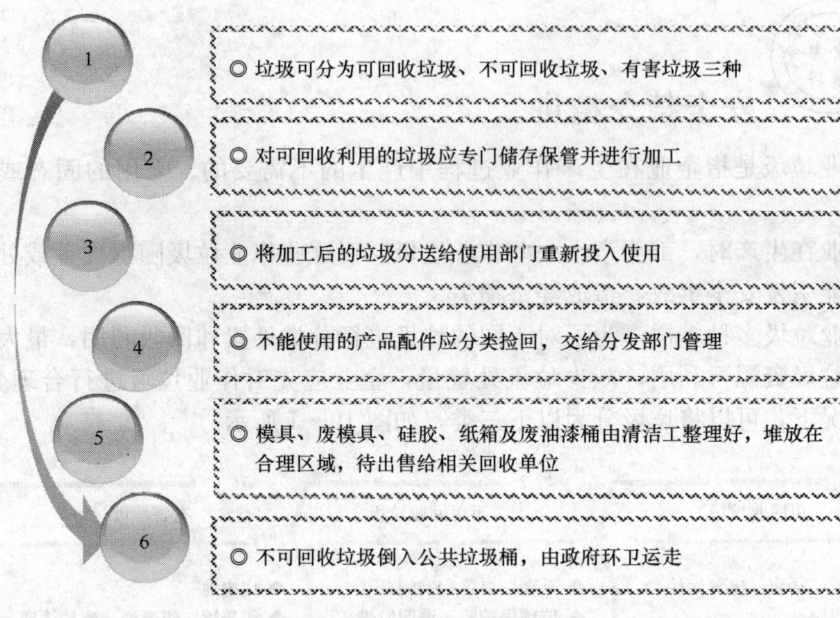

图 19—2　垃圾处理程序

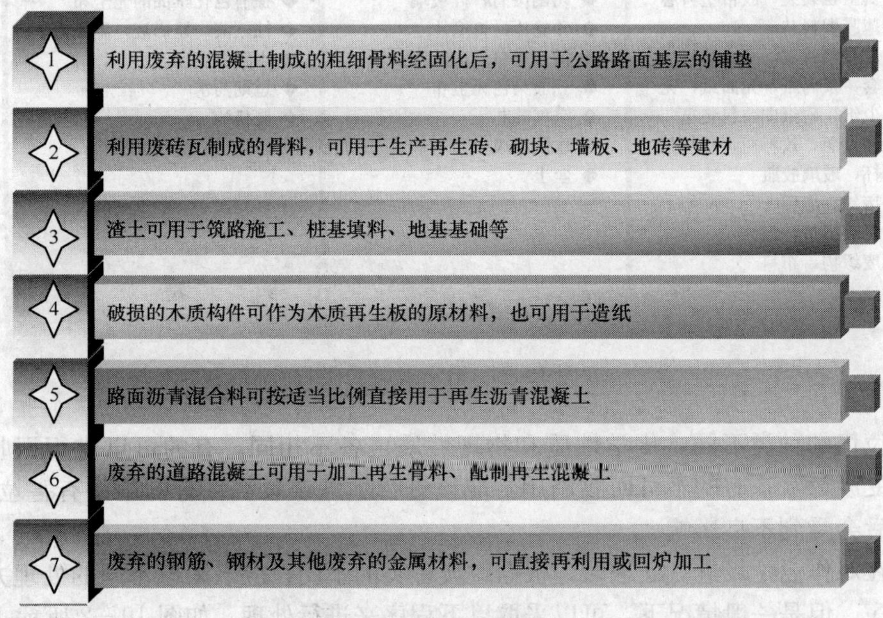

图 19—3　建筑施工垃圾处理方法

安全案例细说

生活中的垃圾因为没有进行科学的处理，给人们带来了各种困扰，甚至会引发各种灾难。同样，生产中的垃圾如果得不到良好的处理，也会造成安全事故。

常见的因垃圾处理不当引发的安全事故包括随意丢弃腐蚀性化学品，使垃圾拾遗者受伤；有潜在的自燃、爆炸危险的垃圾堆积造成自燃，引发火灾爆炸；有垃圾堆积过多，导致坍塌事故等。

很多火灾的发生就是由于垃圾处理不当引起的，如下面的案例。

大辉汽车模具厂的木模具生产过程中产生了一些锯末、碎木块等木质垃圾。正好赶上下雨，负责清理垃圾的小王想等天晴了再清理，后来就把清理垃圾的事情耽搁了。

一天晚上，厂内突然起火，大火将该厂的木模具烧得一干二净，经济损失90万元。经过调查发现，事故原因是木质垃圾堆积过多，没有及时处理，使垃圾内部温度过高而自燃，最终引起大火，造成巨大损失。

案例中，由于垃圾管理人员小王没有及时将木质垃圾处理掉，垃圾堆积过多，导致内部自燃，没有及时被人发现，引发了火灾，给工厂造成了经济损失。

可见，工厂垃圾，尤其是有潜在自燃危险的垃圾，应该及时处理，不得长期堆放。否则，易引起垃圾自燃，导致火灾，造成巨大损失。

固体垃圾不能随便处理，液态垃圾的处理更不能马虎。在电子工厂、石油化工厂、印刷厂、化学品制造厂、化学纤维制造厂、轮胎橡胶厂里，生产过程中会使用各种各样的液态物质，这些液态物质废弃失效后的处理尤其要引起重视。

有机溶剂在常温常压下能自由挥发，并且能够溶解其他物质。如果工厂没有及时地对其进行密封处理，就很容易挥发、扩散到作业场所的空气中，引起中毒事故。不但如此，由于有机溶剂易燃，一旦浓度超限，很容易起火或发生爆炸。请看下面的案例。

废弃溶剂不容忽视

富荣化纤制造厂是一家专门为全国各分销商制造化纤布料的工厂。一天晚上，工厂里突然发生了爆炸，虽然经过抢救减轻了一些损失，但是车间的化纤布料全部被烧毁，造成经济损失1 000万元。

经调查发现，事故原因是储存一批废弃的有机溶剂时通风不良，溶剂大量挥发，浓度过大而引发爆炸。

由上述两个案例我们得知，工厂生产过程中产生的各种形态、各种性质的垃圾，要及时进行处理，不得长期堆放，更不得随意处理，以免发生安全事故。

安全经典语录

■ 垃圾处理很重要，一不小心惹事故。

■ 有机溶剂易挥发，注意密封不爆炸。

■ 脱盐岗位是关卡，浓水污水分开放。

■ 锅炉排污是关键，精心操作保安全。

■ 精心操作电除尘，环保卫生烟气无。

■ 硫黄产品易燃烧，不能火烤太阳晒。

■ 保证环境卫生、不乱扔垃圾，是每个员工的职责。

安全操作工具

生产企业垃圾若没有得到妥善的处理，会导致环境污染。同时，不回收利用也会给企业带来损失。企业要加强对作业垃圾的管理，下面是某电子工厂关于垃圾处理的规定。

<table>
<tr><td rowspan="2">制度名称</td><td rowspan="2" colspan="3">某电子工厂垃圾处理规定</td><td>受控状态</td><td></td></tr>
<tr><td>编　　号</td><td></td></tr>
<tr><td>执行部门</td><td></td><td>监督部门</td><td></td><td>编修部门</td><td></td></tr>
<tr><td colspan="6">第1章　总　　则
第1条　目的
为了加强对公司作业垃圾的管理，规范垃圾收集与处理工作，确保垃圾的及时、安全处理，防止误伤等安全事故的发生，特制定本制度。</td></tr>
</table>

续表

制度名称	某电子工厂垃圾处理规定			受控状态	
				编　　号	
执行部门		监督部门		编修部门	

第 2 条　适用范围

本制度适用于与作业垃圾收集处理相关的工作。

第 3 条　职责分工

1. 保洁主管负责垃圾回收工作的检查和监控。
2. 保洁领班负责协助保洁主管监督检查垃圾回收工作。
3. 清洁人员按照规定对作业垃圾进行收集处理。

第 2 章　垃圾收集工作规范

第 4 条　保洁人员应视情况在各个场所设置垃圾桶、垃圾箱、垃圾车等临时存放垃圾的容器。

第 5 条　保洁主管派人按要求设置三种颜色以上的垃圾桶，方便对垃圾进行分类，如图所示。

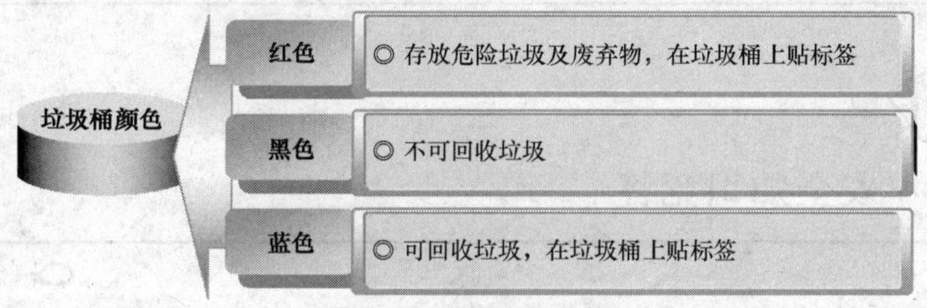

垃圾桶颜色分类示意图

第 6 条　保洁人员应注意保持存放垃圾的容器及周围环境的清洁，及时打扫。

第 3 章　垃圾处理工作规范

第 7 条　垃圾回收人员应定期回收垃圾，回收时不要将垃圾遗漏在桶外。

第 8 条　垃圾回收人员应将回收的垃圾放到中转站存放，每天负责出售没有利用价值的垃圾。

第 9 条　垃圾回收人员将有利用价值的垃圾分拣出来，分送到相应的生产部门。

第 10 条　垃圾处理时应注意以下几点事项，如图所示。

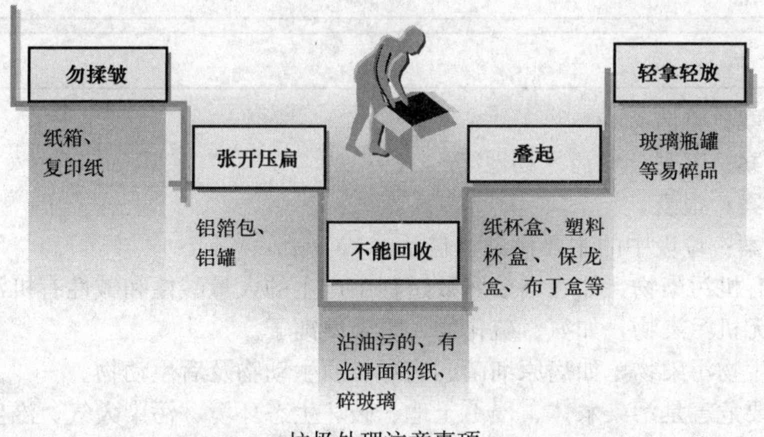

垃圾处理注意事项

第 11 条　处理时要把垃圾分类装好，并选择适宜的通道和时间；应使用货运电梯，不可使用客运电梯。

续表

<table>
<tr><td rowspan="2">制度名称</td><td colspan="3" rowspan="2">某电子工厂垃圾处理规定</td><td>受控状态</td><td></td></tr>
<tr><td>编　　号</td><td></td></tr>
<tr><td>执行部门</td><td></td><td>监督部门</td><td></td><td>编修部门</td><td></td></tr>
<tr><td colspan="6">第 12 条　垃圾处理人员要注意安全，不能直接将垃圾扔楼下。
第 13 条　堆放垃圾的房间应保持整洁，经常冲洗，防止产生异味或其他安全事故。
第 14 条　作为废品回收的垃圾应与其他垃圾分开堆放，不得混乱堆放。
第 4 章　附　　则
第 15 条　本制度由安全环卫部负责制定、解释和修订。
第 16 条　本制度经总经理审批通过后方可颁布实施。</td></tr>
<tr><td rowspan="3">修订记录</td><td>修订标记</td><td>修订处数</td><td>修订日期</td><td>修订执行人</td><td>审批签字</td></tr>
<tr><td></td><td></td><td></td><td></td><td></td></tr>
<tr><td></td><td></td><td></td><td></td><td></td></tr>
</table>

安全知识竞答

1. 严禁乱扔手套、塑料袋、蛇皮袋等废弃物，施工现场要保持________。

2. 遵守有关环境保护方面的法律法规和规章制度，养成文明生产的好习惯，做到________、________、________。

3. 气瓶的瓶体有肉眼可见的突起（鼓包）时，应________处理。

4. 简述垃圾污染物及其危害。

5. 垃圾可分为三类，分别是________、________、________。

---

1. 答案：整洁

2. 答案：工完　料清　场地净

3. 答案：报废

4. 答案：垃圾中的主要污染物包括：

（1）有机污染物，如在堆放腐败过程中产生的大量酸性和碱性有机污染物。

（2）无机污染物，如氨、硫化物、重金属离子。

（3）生物污染物，如病原细菌、病毒、原生动物及后生动物。

其主要危害是污染水体、侵占土地、破坏生态环境、污染大气、滋生害虫。

5. 答案：可回收垃圾　不可回收垃圾　有害垃圾

第二十章

严禁违章操作

安全漫画

——违章作业根挖掉，安全工作才可靠

安全禁令精讲

违章操作是指作业人员不严格遵守国家法律法规和生产经营单位的各种安全操作规章制度，冒险进行生产操作的行为。具体的规章制度包括工艺技术、生产操作、防护用品使用、安全管理等方面的内容。

随着生产设备设施的不断完善，违章操作也逐渐成为事故发生的主要原因。违章操作不但制约了企业的生产进度，而且还危及到了员工自身或他人的生命安全。根据事故的数据统计可知，80%的事故都是违章操作造成的。

违章操作从心理学角度来看，可分为两大类，即有意违章和无意违章，具体内容如图 20—1 所示。

有意违章

◎ 有意违章是指作业人员故意违章操作的行为

◎ 有意违章也分为两种情况，一是因操作规程或注意事项本身制定得不合理而导致的违章；二是因作业人员不按安全操作规程作业而导致的违章

无意违章

◎ 无意违章是指作业人员在无意的情况下所造成的违反安全操作规程的行为

◎ 无意违章主要分为两种情况，一是作业人员在意识不清的状况下进行的违章操作行为；二是作业人员因生理、心理缺陷或无知造成的违章操作行为

图 20—1　违章操作的两种类型

在实际的班组作业过程中，作业人员的违章操作现象时有发生，出现违章操作行为的主要因素包括员工主观心理因素与客观影响因素两个方面，具体内容如图 20—2 所示。

◎ 好胜心理。作业人员好胜心强，喜欢表现自己的能力，往往会发生违章操作

◎ 侥幸麻痹心理。员工无视安全操作规程，不按照操作规程作业

◎ 懒惰蛮干，贪图方便。有些员工工作时不愿出力，操作时投机取巧

◎ 敷衍、固执。员工工作不上心，一意孤行，将安全责任、操作规程置之度外

◎ 安全意识差。有些员工安全意识淡薄，自我安全保护意识差

◎ 安全监督不够。公司对违章操作现象熟视无睹，存在漏查的情况

◎ 安全教育缺乏。公司忽略员工的安全教育工作，虽有教育但成效不理想

图 20—2　违章操作的主要因素

常见的违章操作行为主要有以下几点，如图 20—3 所示。

图 20—3　违章操作的常见行为

安全案例细说

下面是关于违章操作导致安全事故的案例。

某厂热塑班班组长小李带领本班另外几名班组人员在剪板机上进行剪切钢板的作业。小李将全班分为两组，用同一剪床同时作业，由小李负责控制脚踏开关。

作业开始10分钟后，小李在送钢板时，右手伸进了剪板机的剪切面，并在此时误动了脚踏开关，剪板机瞬间将小李右手三根手指剪断。

经调查可知，引起这起事故的主要原因是班组长小李无视安全作业规程，送钢板时将手伸入了剪切面。此外，将本班人员分为两组同机操作，造成工作环境的拥挤，也是导致作业人员注意力不集中的原因之一。

该工厂的安全操作规程明确规定："在设备运转时或未停电时，禁止将手伸入剪板机压脚内取放工件""严禁两人在同一剪床上同时剪切两件材料"。根据上面的规定，班组长小李严重违反了工厂制定的安全操作规程，违章操作引起了事故的发生。

下面是另一起因违章操作导致安全事故的案例。

某企业搬迁施工工地时，正在进行吊装作业的汽车起重机的第5节吊臂突然回缩并产生剧烈震动，致使吊装用的钢丝绳断裂，造成重煤气管道一端从高处坠落，将正在钢管端点作业的工人砸伤。

事故发生后，该企业的相关人员对该起事故进行了原因分析，认为这是一起因操作人员严重违章操作而造成的事故，具体的违章行为如下。

1. 在起重重物尚停在空中、起重机操作室内没有操作人员的情况下，起重机还在作业，严重违反了"起重重物停在空中时，操作人员不得离开操纵台。若需暂时离开，应将重物放落地面，并将发动机熄火"的安全操作规定。

2. 按规定，起重机应根据物体的重量使用不同的起重臂进行吊装作业。该起事故中，由于吊装的钢管质量很大，应使用起重机第1或第2节起重臂进行吊装

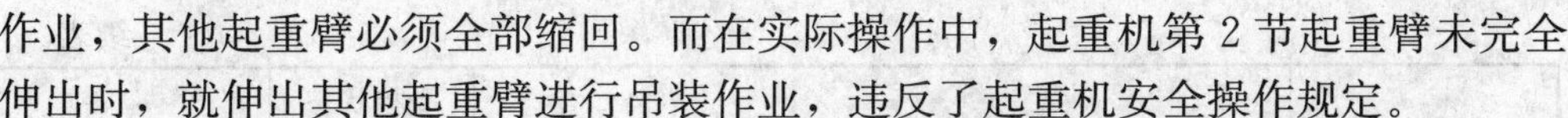

作业，其他起重臂必须全部缩回。而在实际操作中，起重机第2节起重臂未完全伸出时，就伸出其他起重臂进行吊装作业，违反了起重机安全操作规定。

通过上面两则案例可知，企业应“严禁作业人员违章操作”，遵守“十不吊”原则，对作业人员进行安全操作、安全知识等方面的培训，要求操作人员严格按照安全操作规程操作，从根本上杜绝违章操作现象的发生。

另外，企业安全监察人员一旦发现违反安全操作的行为，应对相关人员及时提出警告，并对其行为进行制止，防止因违章操作而引起安全事故。

安全经典语录

- 反违章铁面无私，查隐患寻根究底。
- 工作之中守纪律，万勿违章和违纪。
- 违章违纪不去抓，害人害己害国家。
- 规章制度天天讲，安全生产时时抓。
- 条条规程血写成，人人作业必执行。
- 见了违章严批评，道是无情却有情。
- 你对违章讲人情，事故对你不留情。
- 遵章守法细操作，落实就在每一天。
- 违章作业是祸根，事故悔恨教训深。

安全操作工具

为了杜绝违章操作，企业应根据实际生产情况，制定不同作业的安全生产操作规程及作业指导书，以供班组作业人员按照相应的操作规程进行作业。

<table>
<tr><td rowspan="2">制度名称</td><td rowspan="2" colspan="3">起重机安全操作规程</td><td>受控状态</td><td></td></tr>
<tr><td>编　　号</td><td></td></tr>
<tr><td>执行部门</td><td></td><td>监督部门</td><td></td><td>编修部门</td><td></td></tr>
<tr><td colspan="6">第1条　开车前应认真检查机械设备、电气设备和防护装置是否完好可靠，如控制器、制动器、限位器、电铃、紧急开关等。
第2条　操作人员必须听从信号人员的指挥，且对任何人发出的紧急停车信号，都应立即停车。
第3条　起重机司机必须在确认指挥信号后再进行操作，开车前应先鸣铃。
第4条　当两车临近相遇时，应将行车速度减慢。不准用倒车代替制动、限位器代替停车开关、紧急开关代替普通开关。</td></tr>
</table>

续表

制度名称	起重机安全操作规程			受控状态	
				编　号	
执行部门		监督部门		编修部门	

第5条　进行起重机作业时，其他作业人员应在规定的安全通道上行走，车旁两侧除检修人员外都不准行走。

第6条　起重机停止运行时，不得将起重机物悬在空中；起重机落放吊件时应鸣铃警告，严禁吊物在人头上越过，且吊运物件离地不得过高。

第7条　两台起重机同时起吊物件时，要听从指挥、步调一致。

第8条　检修起重机时，应将起重机靠在安全地点并切断电源，挂上“禁止和闸”的警示牌。地面要设围栏，并挂“禁止通行”的标志。

第9条　起吊重物时，应先稍离地试吊，确认吊挂平稳、制动良好后，再进行起吊。不准同时操作三只控制手柄。

第10条　起重机运行时，严禁有人上下，也不准在运行时进行检修和调整。

第11条　起重机运行中发生突然停电的，必须将开关手柄放置在“0”位。起吊物件未放下或锁具未脱钩时，不准离开驾驶室。

第12条　起重机在运行中由于突然故障而引起吊件下滑时，必须采取紧急措施，向无人处降落。

第13条　遇有风暴、雷击或六级以上大风时，起重机应停止工作，切断电源，车轮前后应塞垫块卡牢。

第14条　起重机行驶时还应注意轨道上有无障碍物。

第15条　起重机司机必须认真做到“十不吊”，如下图所示。

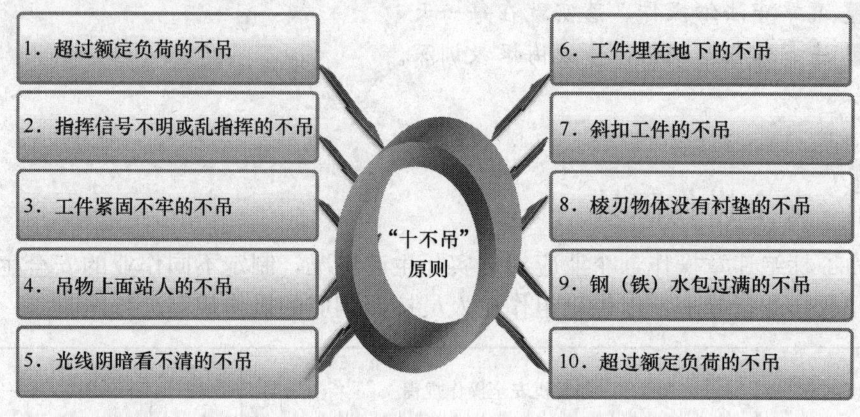

“十不吊”原则

第16条　工作完毕后，起重机应停在规定位置，升起吊钩，将控制手柄放置在“0”位，并切断电源。

修订记录	修订标记	修订处数	修订日期	修订执行人	审批签字

安全知识竞答

1. 现场反“三违”，“三违”是__________、__________、__________。

2. 施工人员在施工前应接受班前安全交底，并在交底表上签字，施工过程中须按交底内容严格执行，严禁__________。

3. 在生产经营活动中，因违章操作造成事故的人员，应对事故负__________责任。

4. 违章作业就是违反__________、__________、__________。

5. 根据工伤保险的__________的原则，工人因违章操作出事故负伤，应该认定为工伤。

---

1. 答案：违章指挥　违章操作　违反劳动纪律

2. 答案：违章操作

3. 答案：直接

4. 答案：安全规程　作业规程　操作规程

5. 答案：无责任赔偿

第二十一章

严禁在条件不具备时组织生产

安全漫画

安全禁令精讲

为了保障生产企业的生产安全，《安全生产法》第 16 条明确规定了“生产经营单位应当具备本法和有关法律、行政法规和国家标准或者行业标准规定的安全生产条件；不具备安全生产条件的，不得从事生产经营活动”的生产安全条例。

安全生产条件是指生产企业为了保证生产经营活动安全进行，防止和减少安全事故的发生，在生产经营中所具备的设施、设备、人员素质、管理制度、工艺技术等方面的条件。安全生产条件不仅是安全生产许可制度的核心内容，也是安全生产管理最根本的问题。

根据《安全生产许可证条例》的规定，企业应当具备的安全生产条件如图 21—1 所示。

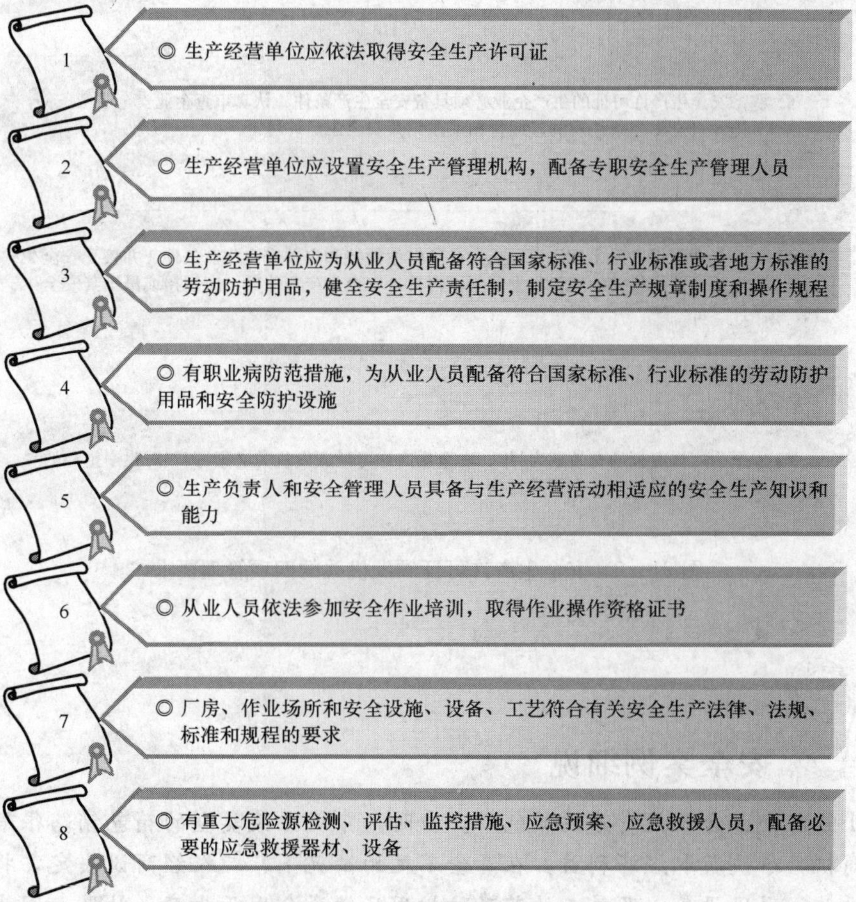

1 ◎ 生产经营单位应依法取得安全生产许可证

2 ◎ 生产经营单位应设置安全生产管理机构，配备专职安全生产管理人员

3 ◎ 生产经营单位应为从业人员配备符合国家标准、行业标准或者地方标准的劳动防护用品，健全安全生产责任制，制定安全生产规章制度和操作规程

4 ◎ 有职业病防范措施，为从业人员配备符合国家标准、行业标准的劳动防护用品和安全防护设施

5 ◎ 生产负责人和安全管理人员具备与生产经营活动相适应的安全生产知识和能力

6 ◎ 从业人员依法参加安全作业培训，取得作业操作资格证书

7 ◎ 厂房、作业场所和安全设施、设备、工艺符合有关安全生产法律、法规、标准和规程的要求

8 ◎ 有重大危险源检测、评估、监控措施，应急预案、应急救援人员，配备必要的应急救援器材、设备

图 21—1　安全生产条件一览图

据不完全统计，在生产企业发生的较大及以上的生产安全事故中，50%的生产安全事故都是由于企业不具备安全生产条件就组织生产经营活动而引起的。无数事故表明，忽视安全生产条件、在不具备生产条件的情况下盲目从事生产活动是十分危险的。因此，生产企业应重视安全生产条件。

虽然在《安全生产许可证条例》中规定了具体的安全生产条件，但是由于传统管理理念的影响以及对安全生产条件的认识不够，该条例的落实还不到位。

因此，安全生产许可证颁发管理机关为了落实“严格规范安全生产条件，进一步加强安全生产监督管理，防止和减少生产安全事故”的要求，提出的四个基本管理要求如图21—2所示。

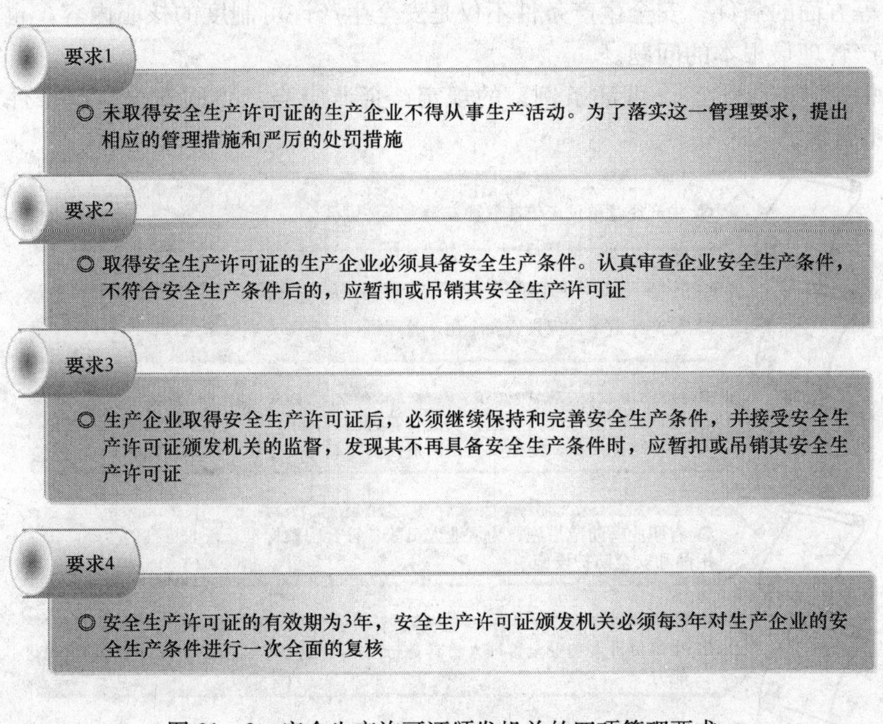

图21—2　安全生产许可证颁发机关的四项管理要求

安全案例细说

小红与小兰合伙投资建设箱包厂。当时，市场上某类型的箱包销路很好，为抓住商机，尽快获取经济利益，在资金不足的情况下，二人经商议决定，将购买安全设施、通风设备以及员工的劳动防护用品的资金用于生产。结果，因生产车间通风不好，苯含量严重超标，再加上作业人员没有佩戴防护口罩，导致了苯中毒事故。

经调查发现，箱包在生产过程中需要使用含苯的黏合剂。由于苯属于易挥发化学物，因此使用这种黏合剂时，生产车间必须通风良好，作业人员必须佩戴防护口罩，这是保证作业人员生命安全所必备的生产条件。

而箱包厂投资人为了获取一时的经济利益，没有在车间安装通风设备，也没有向员工发放防护口罩，致使生产车间苯含量严重超标，发生严重的苯中毒事故。

再来看下面一则案例。

某鞭炮厂发生特大爆炸事故，造成多人死亡。年初，某鞭炮厂接到一笔大规格爆竹的生产订单。因时间紧、任务重，为完成订单，该厂采取了增加手工费的手段，吸引了一部分未经任何培训的人员到厂工作。

事故发生当天，配药工小王违反操作规程，造成火药摩擦起火，引起爆炸。由于该厂车间内当日存放的成品、半成品及原料火药量严重超标，爆炸源引发了周围堆放的成品、半成品和原料接连爆炸，导致严重的人员伤亡。

经调查分析发现，引发这起事故的原因有很多。首先，该厂违反国家明令禁止生产大规格烟花产品的规定；其次，配药工在配药时急于赶工，违反操作规程，摩擦起火。以上是导致这起事故的主要原因。另外，该厂不具备基本的安全生产条件是导致事故发生的根本原因，其主要表现如下所示。

1. 厂房位置、结构等均违反生产危险物品的仓房选址及结构造型的规定
2. 安全窗、安全出口等无法达到案例疏散的要求
3. 各工序、库房布局不合理，严重违反国家标准规定的“小区布置、小型分散、库房分离、操作隔开”的原则
4. 该厂负责人为追求经济利益，置从业人员的生命安全于不顾，冒险组织生产
5. 该厂未制定安全生产责任制、安全生产规章制度和操作规程，未配备专业的安全检查人员，从业人员也未经任何专业培训即上岗从事危险工作

从这两起安全事故中我们可以学到，要保证安全生产，保证作业人员的生命不受伤害，必须具备安全生产的条件。

安全经典语录

■ 质量是安全的基础，安全为生产的前提。

■ 安全警句千万条，安全生产第一条。

■ 搞好安全生产工作，树立企业安全形象。

■ 改善职工劳动条件，促进安全文明生产。

■ 生产工作以安全为先决条件。

■ 安全生产是企业发展的必备条件。

■ 要治理生产环境，就要精通生产的一切条件。

安全操作工具

以下是施工单位在进行生产作业前，向有关部门提交的关于审查安全生产条件的部分表单。

1. 安全生产条件审查基本情况表

工程项目：

项目地点		建筑面积	
层数及总高度		结构形式	
工程项目特点			
建设单位			

续表

监理单位		
总施工单位		
其他分包施工单位	分包工程一	
	分包工程二	

2. 安全生产条件审查表

工程名称：　　　　　　　　　　　　建设单位：

施工单位：　　　　　　　　　　　　项目经理：

监理单位：　　　　　　　　　　　　项目总监：

序号	审查内容	审查意见
1	施工单位是否持有安全生产许可证	
2	项目安全生产责任体系建立情况。是否按规定建立了安全生产管理机构，并按规定配备专职安全生产管理人员，项目负责人、专职安全生产管理人员是否取得安全生产考核合格证书，并且证书在有效期内	
3	施工现场安全生产管理制度建立情况	
4	是否已按规定签订安全生产协议书	
5	是否按规定编制了施工组织设计，是否编有专项技术方案	
6	安全文明施工措施费是否有支付计划或凭证	
7	拟进入施工现场的机械设备情况及布置方案	
8	施工现场“三通一平”“施工标牌”等设置情况	
9	施工现场围挡、大门、道路、临时设施等是否符合规定要求	
10	是否针对性地制定了工程项目安全生产事故应急救援预案	
11	其他事项	
审查结论： 项目负责人： 建设单位（公章）：　　　年　月　日		

注：本表一式四份，建设单位、监理单位、施工单位各一份，另一份为安全监督备案的附件材料。

安全知识竞答

1. 生产企业应具备________的条件，执行班组作业的________规范。

2. 不具备安全生产条件的生产经营单位________。

3. 判断：不具备安全生产条件的生产经营单位，可以一边从事生产经营活动，一边改善安全生产条件。

4. 发现生产企业不具备________规定的安全生产条件的，应当暂扣或者吊销其________。

5. 生产经营单位应该具备________规定的安全生产条件；不具备安全生产条件的，不得从事生产经营活动。

6. 生产经营单位将生产经营项目、场所、设备发包或者出租给________或者相应资质的单位或者个人的，责令________。

---

1. 答案： 保障安全生产　安全规程和行业技术

2. 答案： 不得从事生产经营活动

3. 答案： 错误

解析：依据《安全生产法》第 16 条的规定，不具备安全生产条件的生产经营单位不得从事生产经营活动。

4. 答案：《安全生产许可证条例》　安全生产许可证

5. 答案： 法律、行政法规和国家标准或者行业标准

6. 答案： 不具备安全生产条件　限期改正

第二十二章

严禁使用无资质能力承包商

安全漫画

安全禁令精讲

“严禁使用无资质能力承包商”是安全生产的又一禁令。企业在与承包商合作前，应对承包商进行严格的安全资质审查，以确保对生产作业、承运等环节的有效监控。企业对承包商进行资质审查的目的主要包括以下三方面，如图22—1所示。

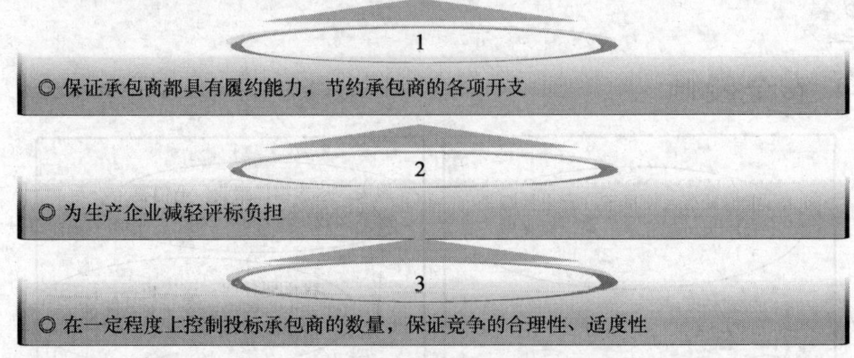

图22—1 承包商安全资质审查的目的

企业认真组织承包商的资格审查工作是企业经营活动的一个重要组成部分，而了解承包商资质审查的内容在审查过程中也是至关重要的。

根据审查时间可将资质审查分为资质预审和资质后审两种。资质预审是指在投标邀请之前对承包商安全资格进行审查的过程。资质后审是指对未进行资格预审的承包商，在作业后对该安全资质情况进行审查的过程。

一般情况下，各生产企业会选择资质预审的方式对承包商进行审查，其主要

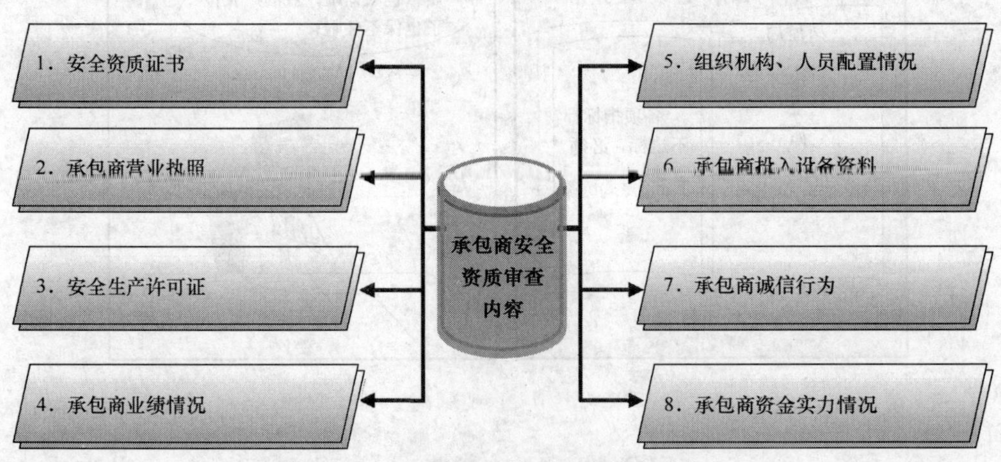

图22—2 承包商安全资质审查的主要内容

资质审查内容如图 22—2 所示。

联合承包商又称联合体，是指由两家承包商共同承包项目作业，对作业都负有安全责任。如果两家承包商共同申请承包，还应遵循以下要求，如图 22—3 所示。

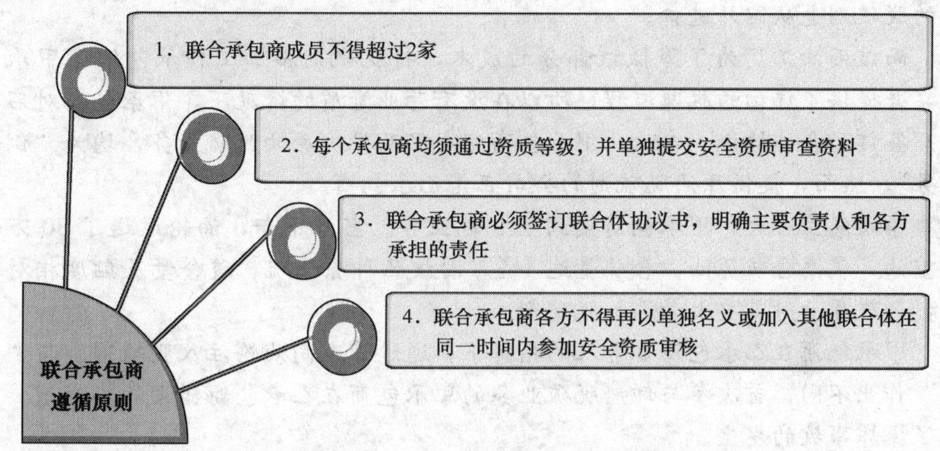

图 22—3　联合承包商遵循的原则

安全案例细说

我们来看下面一则案例。

某大厦建筑基坑工程负责人小王为了节省工程费用，竟然选择没有任何施工资质的小林承包工程。

据相关人员叙述，大厦建筑工程承包商并没有地基与基础施工资质，原本这项工程是由某地基基础工程公司来承包的，该施工公司还提交了该大厦建筑基坑施工设计方案，没想到大厦建筑负责人竟将基坑工程转包给了没有任何资质能力的小林，并让小林连夜带队进场施工。

地基基础工程公司发现该工程已承包给小林后，撤回该大厦建筑基坑施工设计方案。承包商在既无设计方案、又无施工资质的情况下进行了施工。

大厦是由 20 层的主楼和 5 层的裙楼组成的高层建筑，基坑开挖深度为 5.5 米，北侧有一栋 5 层新建大楼距开挖线仅有 3 米，属于危险较大的深基坑工程，一旦支护设计或施工出现问题，必然会造成附近楼房的倾斜倒塌、道路沉陷等后果。

再来看下面一则因承包商无资质能力就进行作业而引发安全事故的案例。

某石油工厂发生爆炸后，该厂的负责人表示，两家不具资质的承包商导致爆炸事故的发生，属于承包商责任事故。

事故发生后，相关部门进行了事故调查。据甲承包商叙述所知，该承包商与该厂的合作长达5年，几乎承担了该厂全部进口原油的检验工作。在此之前，该石油工厂的脱硫剂添加工作一直由全球最大的工业与消费品检验公司负责，其加入的脱硫剂也从国外进口。

而该石油工厂为了降低该部分的成本，将脱硫剂添加工作承包给了甲承包商，并提供了详细的脱硫流程，所以在没有营业资质的情况下，甲承包商对石油工厂签订了合作协议。自此，甲承包商完成了两批次原油脱硫业务，均为“倒罐业务”。然而，提供原油脱硫剂的公司正是乙承包商。

事故发生当天，甲承包商接到了3笔业务。当日下午，油轮运送了30万吨超重油，属高含硫原油，含硫量达4%。因该品种原油硫、酸含量及黏度相对较高，卸载原油时需要大量添加脱硫剂。

甲承包商在乙承包商负责人的指挥下，通过管道向油轮注入脱硫剂。与“倒灌”作业不同，首次参与卸船脱硫业务的甲承包商在乙承包商错误的指挥下，引起了爆炸事故的发生。

经调查发现，两家承包商均无相关的合法资质。负责生产原油脱硫剂的承包商的经营范围中并没有原油脱硫剂，而在现场注入脱硫剂的另一家承包商则是负责进口商品检验的企业。

安全经典语录

■ 居安思危年年乐，警钟常鸣岁岁欢。
■ 一人把关一处安，众人把关稳如山。
■ 安全工作严是爱，处理事故松是害。
■ 不只生产出效益，保证安全也生财。
■ 莽撞者绝非勇士，谨慎者不是懦夫。
■ 黄金有价人无价，人身安全事最大。

安全操作工具

为选择合格的承包商，企业审查承包商安全资质的过程应十分严格，确保承包商符合安全管理要求，避免承包商安全资质不合格所导致的安全事故。承包商安全资质审核的管理规定如下所示。

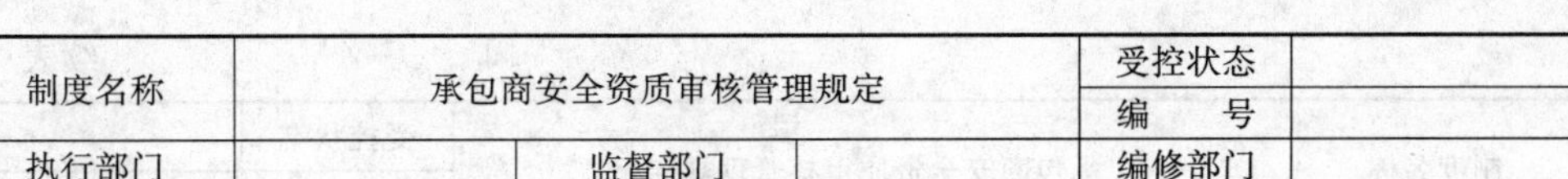

制度名称	承包商安全资质审核管理规定			受控状态	
				编　号	
执行部门		监督部门		编修部门	

第1章　总　则

第1条　目的

为了进一步加强承包商安全资质审核工作，保证公司选择符合安全管理要求的承包商，根据公司相关的制度规定以及本公司的实际情况，特制定本规定。

第2条　适用范围

本规定适用于承包本公司工程项目的承包商的安全资质审核工作。

第3条　术语解释

1. 本规定中所称的承包商是指承包本公司工程或服务项目的合法企业法人。

2. 安全资质审核是指本公司对承包商相关安全资质进行审查确认的过程。

第4条　职责划分

1. 公司领导与安全管理部负责审查承包商的安全资质。

2. 安全管理部对承包商的安全业绩进行审查，负责监督承包商对用工人员的安全教育工作以及承包商施工的安全活动。

3. 承包商按照程序和要求将审核资质资料送交到安全管理部审核。

第2章　承包商资质审查程序

第5条　提交安全资质审批表

1. 承包商承接本单位工程或服务项目前，应向发包方领取“承包商资质审批表”。

2. 承包商按照实际情况，将审查资料填入到“承包商资质审批表”后提交审核。

第6条　确认承包商资格

负责签订工程或服务合同的部门对承包商安全资质审核确认后，在“承包商资质审批表”中签字确认并盖章。

第7条　提交安全资质审核资料

承包商通过资格确认后，到安全管理部进行安全资质审核或备案，并提交以下资料。

1. 通过资格确认的“承包商资质审批表”及其电子版。

2. 政府颁发的《企业安全生产许可证》复印件或由合法的安全机构签发的职业健康安全管理体系认证证书。

3. 国际性安全及卫生管理系统验证标准体系认证书或者安全环境与健康体系认证书的复印件。

第8条　确认安全资质审核

1. 安全管理部对承包商提供的资料进行审核确认后，在“承包商资质审批表”中签字确认并盖章。

2. 安全管理部负责将承包商资质审核情况的相关资料备案。

第9条　签订安全协议及合同

审查合格后，负责签订工程或服务合同的部门与承包商签订安全协议，签订的安全协议及合同的要求如下所示。

1. 明确承包商在承包项目中的安全责任条款。

2. 明确承包商在承包项目中应执行的安全管理规范、标准、制度。

3. 承包商应选择经过专业培训的、合格的管理人员和作业人员进行作业。

4. 承包商应提供符合安全标准的设施、设备和个人防护用品、用具。

5. 承包方必须接受现场安全检查和监督。

第10条　接受入厂教育

续表

制度名称	承包商安全资质审核管理规定			受控状态	
				编　　号	
执行部门		监督部门		编修部门	

双方签订安全协议和合同后，办理入厂教育手续。承包商人员需接受的安全培训内容主要包括：作业现场的特点、主要危险和应急处理措施、进入现场的注意事项等。

第3章　承包商作业管理

第11条　作业过程协调

承包商负责人应参加与作业相关的安全例会和有关安全事项的临时会议，汇报安全管理情况和安全工作安排，并落实会议要求。

第12条　作业过程监督

1. 对于较为危险的作业，必须经本公司质量技术部和安全管理部检查认可，并安排专人进行现场监护。

2. 承包商应定期组织安全检查，对检查发现的问题应及时组织整改。

3. 安全管理部及相关部门应定期或随机监督检查承包商的安全状况，并将检查结果予以记录。

4. 对于承包商违反安全管理规定和合同的违章作业行为，本公司有权进行处罚，情况严重的，责令其停工。

第13条　作业事故处理

承包商在作业过程中发生安全事故的，本公司应配合承包商进行调查处理。

第4章　附　　则

第14条　本规定由公司安全部门负责制定、修改和解释。

第15条　本规定经有关领导审批后，自公布之日起开始施行。

修订记录	修订标记	修订处数	修订日期	修订执行人	审批签字

安全知识竞答

1. 公司安全生产规章制度规定应对承包商的作业人员进行入厂安全培训教育，经＿＿＿＿＿＿，发放临时出入工作证。

2. 承包商是指＿＿＿＿＿＿＿＿＿＿＿＿＿＿＿＿。

3. 公司负责对基建项目承包商＿＿＿＿＿＿和＿＿＿＿＿＿等资质的审查。

4. 对承包商资质审查工作重点应放在＿＿＿＿＿＿＿＿＿＿。

5. 承包商档案主要包括哪些？

1. 答案：施工资质与安全资质审查通过后

2. 答案：承包本单位工程（服务）项目的合法企业法人

3. 答案：施工能力　质量管理

4. 答案：承包商是否取得国家规定的相关有效证照

5. 答案：承包商的资质证书复印件、最近3年的安全生产业绩、安全生产管理机构目录、安全管理制度目录、特殊作业人员证书复印件、安全生产表现评价报告及其他有关资料。

第二十三章

严禁超能力超负荷组织生产

安全漫画

安全禁令精讲

超负荷一般可分为超任务负荷和超时间负荷。举例来说，一台机床设计能力是年产 5 万套/台设备，超过了这个数量就是超任务负荷；一台机器设计使用寿命是 10 年，可过了 10 年还在使用，这叫超时间负荷。

无论是超任务负荷还是超时间负荷，都是国家在各行各业的安全生产禁令中绝对禁止的。因此，企业生产组织管理人员必须严格按照国家的要求，做好企业实际产能核定和产能负荷分析工作，并根据产能负荷分析的结果，科学地安排生产任务和生产运营。

1. 企业产能的影响因素

产能是指企业的生产能力，即企业在计划期内参与生产的全部固定资产在既定的组织技术条件下所能生产的产品数量或能够处理的原材料数量。生产能力核定是指对企业、车间、班组或设备在一定时期内的生产能力进行计算和确定。

企业生产能力受以下六大因素的影响，具体情况如图 23—1 所示。

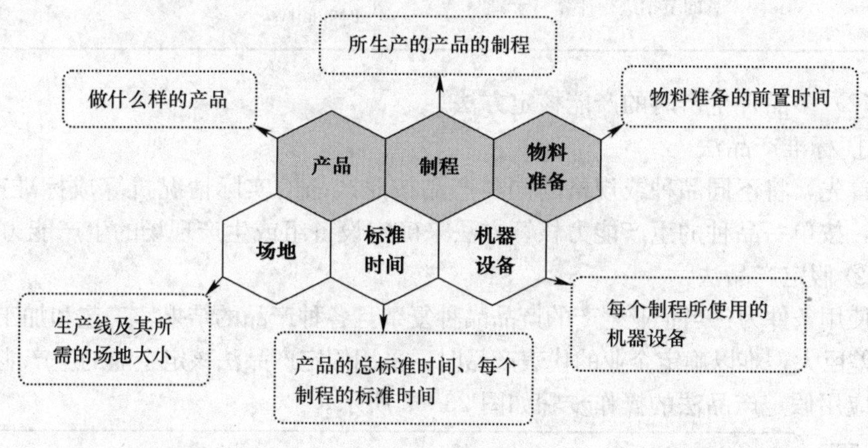

图 23—1　企业产能的影响因素

2. 企业产能的核定

具体来说，生产能力核定就是通过对上述因素的调查，在查清现状的基础上，将这些因素加以确定，从而计算出企业的生产能力。

（1）单一品种生产时的产能核定方法

单一品种生产时的产能核定方法见表 23—1，企业可根据实际情况进行选择。

表 23—1　　　　单一品种生产时的产能核定方法

产能核定方法	适用条件	计算公式
实验量法	当只生产一种产品时，计算生产能力时可使用该种产品的实物量	设备组生产能力＝单位设备有效工作时间×设备数量×单位设备产量定额＝$\frac{\text{单位设备有效工作时间}\times\text{设备数量}}{\text{单位产品台时定额}}$
生产面积法	当产品的生产能力取决于生产面积时	生产面积的生产能力＝$\frac{\text{生产面积的有效利用时间}\times\text{生产面积数量}}{\text{单位产品占用生产面积}\times\text{单位产品占用时间}}$
联动机单位时间法	所产品的生产使用连续开动的联动生产时	联动机单位时间生产能力＝$\frac{\text{原料重量}\times\text{单位原料产量系数}}{\text{原料加工期的延续时间}}$×计算能力时间内联动机的有效工作时间 联动机生产能力＝联动机单位时间生产能力×生产时间 单位原料的产量系数是指使用一单位的原料可生产出的产品的数量
	在核定流水线的生产能力时，按流水线的有效工作时间和规定的节拍进行计算	流水线生产能力＝$\frac{\text{流水线有效工效工作时间}}{\text{节拍}}$ 节拍是指流水线上两件相同制成品生产的时间间隔

（2）多品种生产时的产能核定方法

① 标准产品法

首先，将不同品种或规格的同类产品按照产品的实际情况折算成标准产品。然后，按单一品种的生产能力核算方法来确定设备组或生产现场的生产能力。

② 假定产品法

使用条件为：当企业生产的产品品种复杂且各种产品的结果、工艺和加工劳动量相差巨大，难以确定企业的代表产品时，采用假定产品法核定企业的生产能力。

应用假定产品法的操作步骤如图 23—2 所示。

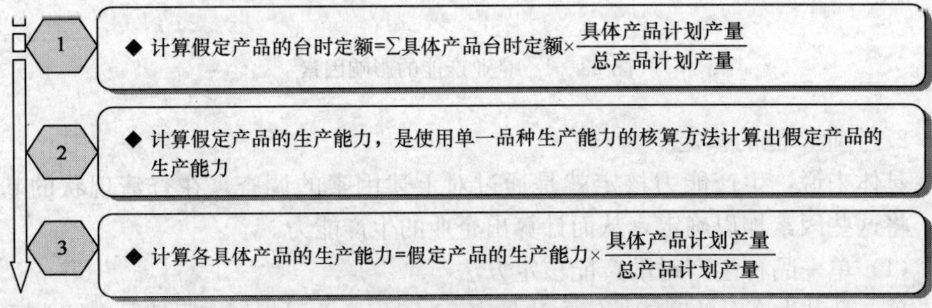

图 23—2　假定产品法核定产能的步骤图

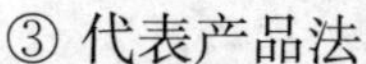

③ 代表产品法

代表产品是指反映企业专业方向、产量大、劳动量大的产品，或者产量大、在结构上与工艺上有代表性的产品。代表产品法生产能力核定操作步骤如图23—3所示。

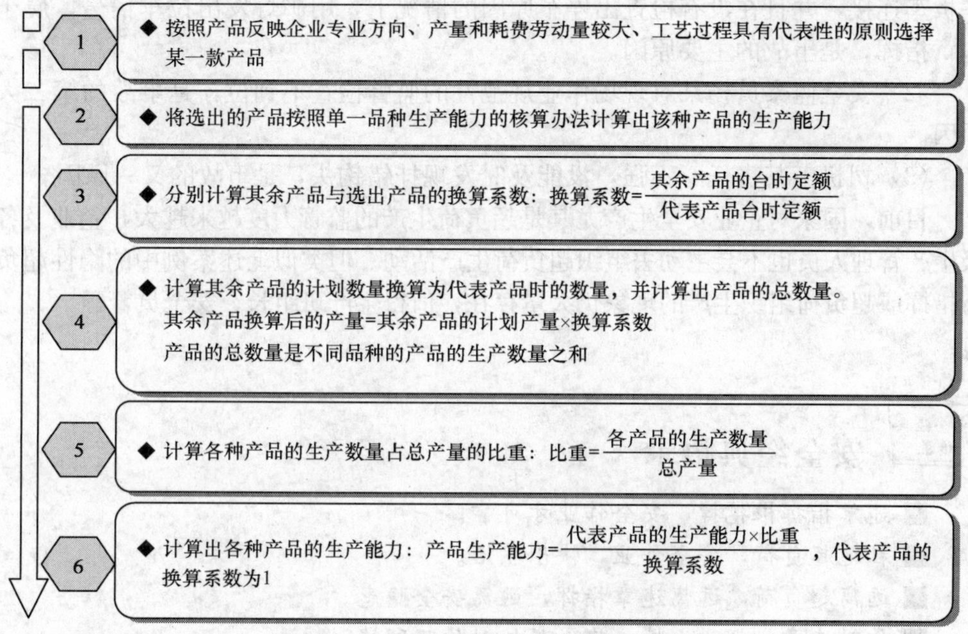

图 23—3　代表产品法核定产能的步骤图

安全案例细说

一天下午，某煤矿综维队某班在班组长（兼把钩工）高某的带领下、安全监察员杨某的监护下，绞车司机王某、回顺口绞车司机代某在作业地点开始运车。班长高某连接好3个斗车、1个装刮板输送机板的重平板车后，误将第一台绞车绳当作第二台绞车绳的作业坠绳，连接在重平板车上。然后，高某让司机王某启动第二台绞车，并给司机代某发开车信号。

然后，高某、杨某在安全的地方观察作业，待4台车运行100米左右，回顺口司机代某发现自己驾驶的绞车负荷过大，就停了车。而绞车司机王某根本没发现自己开的绞车的钩头根本没挂在重平板车上，而是第一台绞车钩头挂在了重平板车上。

高某发现车辆停下，就赶到重平板车处查找停车原因，没有发现异常情况，就晃灯发出拉车信号。司机代某再次强行拉车，将第一台绞车绳从滚筒压板内抽出，由于绞车的弹力，加上5°的坡度，车顺势跑至回顺口，撞在老柱上，撞废了

3个斗车。

在上述案例中，班长兼把钩工高某误操作，导致回顺口绞车负荷过大而产生设备事故。这个案例的事故原因分析如下。

（1）班长兼把钩工高某误操作，把第一台绞车钩头作为第二台绞车钩头与重平板车连接，并且在没有检查出停车原因的情况下，用矿灯发出拉车信号，属于违章指挥，是事故的主要原因。

（2）安全监察员杨某对现场作业规范性的监督检查不到位，是事故的第二大原因。

（3）司机王某责任心不强，没能及时发现挂错钩头，是事故的又一原因。

目前，国家对企业安全生产尤其是超负荷生产的监管力度越来越大，企业及各级生产管理人员也不会主动去组织超负荷生产活动。但类似上述案例中的隐性超负荷指挥或超负荷组织生产的现象仍大量存在，值得生产班组长、安全员警醒。

安全经典语录

■ 违章指挥根挖掉，安全作业才可靠。

■ 杜绝超负荷，安全作业，快乐生活。

■ 远离超负荷，远离违章指挥，远离安全隐患。

■ 你对违章指挥讲人情，安全事故对你不留情。

■ 违章操作等于自杀，违章指挥等于杀人，违章不纠等于帮凶。

安全操作工具

工厂核定生产能力时，需考虑工厂设备、人员、财力等的负荷，确保生产计划合理、目标可实现。工厂产能与负荷分析实施方案示范如下。

<table>
<tr><td rowspan="2">方案名称</td><td colspan="3" rowspan="2">企业产能负荷分析实施方案</td><td>受控状态</td><td></td></tr>
<tr><td>编　号</td><td></td></tr>
<tr><td>执行部门</td><td></td><td>监督部门</td><td></td><td>编修部门</td><td></td></tr>
<tr><td colspan="6">第1条　目的
为实现生产产量与生产能力的平衡，使生产计划合理、可靠，同时做好设备、人力、材料的生产前准备，特制定本方案。
第2条　产能与负荷分析的内容
1. 掌握生产产品的种类、名称与规格，确定生产期限，控制生产工作进度。</td></tr>
</table>

续表

<table>
<tr><td rowspan="2">方案名称</td><td colspan="3" rowspan="2">企业产能负荷分析实施方案</td><td>受控状态</td><td></td></tr>
<tr><td>编　　号</td><td></td></tr>
<tr><td>执行部门</td><td></td><td>监督部门</td><td></td><td>编修部门</td><td></td></tr>
</table>

2. 掌握生产物料的种类、规格与需求量，确保物料供应及时。

3. 技术能力分析，确定工艺技术的要求，判断是否满足需求，提出不满足时的解决方案。

4. 设备负荷分析，明确设备需求，执行设备操作规范。

5. 人力负荷分析，计算人力需求，比较现有人力后求出差额，制定解决差额的办法。

第 3 条　职责分工

1. 生产部将生产工作分为__个工作中心，并进行编号区分，便于产能与负荷的预估与管控。工作中心的划分标准如下。

（1）按生产功能（如生产线不同）划分工作中心。

（2）按连续作业的、相连的不同设备划分工作中心。

（3）工作性质相同、规格类似的个别设备或工作性质相同的班组可作为一个工作中心。

2. 生产计划主管负责产能与负荷的分析与实施工作，各生产工作中心制定专人负责中心内的产能与分析，并报告生产计划主管。

第 4 条　产能与负荷分析管制表的编制与记录

正常产能是工厂规定的正常上班总时间内的产能状况，包括可作业天数、可出勤人数、可运转设备数、每日班次等。生产部将各工作中心每时段（一般为月度或周次）的产能与负荷分别换算成相同的可比单位，填入"产能与负荷分析管制表"中，比较分析生产能力与生产任务之间存在的差异，判断是否达到平衡。

"产能与负荷分析管制表"一般应包括的内容如下表所示。

产能与负荷分析管制表

<table>
<tr><td colspan="2">生产车间名称</td><td></td><td rowspan="2">所属的制程</td><td>名称</td><td></td><td>分析时段</td></tr>
<tr><td colspan="2">生产车间代号</td><td></td><td>代号</td><td></td><td>____月____日～
____月____日</td></tr>
<tr><td colspan="2">分析项目</td><td>分析指标</td><td colspan="3">分析结果</td><td>说明</td></tr>
<tr><td rowspan="9">产能分析</td><td rowspan="6">正常班</td><td>可稼动天数（天）</td><td colspan="3">（如：14 天）</td><td></td></tr>
<tr><td>可稼动设备数（台）</td><td colspan="3">（如：1 台）</td><td></td></tr>
<tr><td>每班人数</td><td colspan="3">（如：1）</td><td></td></tr>
<tr><td>每日班次</td><td colspan="3">（如：1）</td><td></td></tr>
<tr><td>设备产能时间（小时）</td><td colspan="3">（如：8 小时）</td><td></td></tr>
<tr><td>人力产能时间（小时）</td><td colspan="3">（如：8 小时）</td><td></td></tr>
<tr><td rowspan="3">加班</td><td>可加班时间（小时）</td><td colspan="3">（如：3.5 小时）</td><td></td></tr>
<tr><td>设备可加班时间（小时）</td><td colspan="3">（如：3.5 小时）</td><td></td></tr>
<tr><td>人力可加班时间（小时）</td><td colspan="3">（如：3.5 小时）</td><td></td></tr>
<tr><td colspan="2">合计产能时间（小时/天）</td><td colspan="5">（如：11.5 小时/天）</td></tr>
<tr><td rowspan="4">负荷分析</td><td colspan="2">订单</td><td>排程量</td><td>标准工时</td><td>负荷时间</td><td>累计工时</td></tr>
<tr><td colspan="2">（如：13730011）</td><td>（如：250/天）</td><td>（如：80/小时）</td><td>（如：3.5 小时）</td><td>（如：3.5 小时）</td></tr>
<tr><td colspan="2"></td><td></td><td></td><td></td><td></td></tr>
<tr><td colspan="2"></td><td></td><td></td><td></td><td></td></tr>
<tr><td>分析对策</td><td colspan="6"></td></tr>
</table>

续表

方案名称	企业产能负荷分析实施方案			受控状态	
				编　号	
执行部门		监督部门		编修部门	

第5条　产能与负荷分析实施

1. 数据收集与分析

生产部统计员负责统计分析生产计划主管或班组长提供的原始数据，生产计划主管根据分析结果得出结论并制定相应的措施。

2. 月份产能预计分析

每月__日前，生产车间依各班组分别填写的下月产能状况预测，车间于每月__日上午向生产部经理上交产能报告，经审批后交销售部。

3. 月份产能时间预计计算方法

(1) 设备产能时间＝每日正常上班时间×每日班次×可作业天数×可运转设备数

(2) 人力产能时间＝每日正常上班时间×每日班次×可作业天数×每班人数

4. 月份负荷预估分析

(1) 每月__日前，生产部根据销售部转发的订单状况和生产工作计划确定生产任务量，预估陆续补入的订单状况，编制生产批号，依各工作中心情况分别填写负荷状况。

(2) 负荷状况记录填写的内容包括生产批号、产品名称、生产预定量、标准工时等，计算负荷工时的公式为预定任务量与标准工时的乘积。

5. 每周负荷预估分析

每周最后1个工作日，生产部依各工作中心情况，分别填写下周负荷状况。

6. 产能与负荷分析结果及对策

产能与负荷分析结果及对策如下表所示。

产能与负荷分析结果及对策

产能与负荷分析结果	对策
负荷大于产能	◆加班次、增购设备、增加人力 ◆必要时与销售部协调，将部分订单延迟或取消 ◆解决瓶颈工序，挖尽潜能 ◆其他方式（如委外加工）
负荷小于产能	◆要求销售部追加订单或将下月（周）订单提前 ◆安排富余设备保养、人员培训或支援其他班组 ◆安排调休，减少加班 ◆适当增加库存

修订记录	修订标记	修订处数	修订日期	修订执行人	审批签字

安全知识竞答

1. 产能是指在计划期内，企业参与生产的全部固定资产，在既定的组织技术条件下所能生产的________或能够处理的________。

2. 产能负荷分析的对象主要包括____________和____________。

3. 超能力超负荷组织生产属于严重的____________行为。

4. 在对人力负荷进行分析时，要根据企业实际考虑人员作业时间的宽裕率，作业时间宽裕包括____________的宽裕和____________的宽裕。一般来说，作业时间宽裕率设定为____________。

5. 在核定流水线的生产能力时，按流水线的有效工作时间和规定的节拍进行计算，其计算公式为______________。

---

1. 答案： 产品数量　原材料数量

2. 答案： 人力负荷分析　设备负荷分析

3. 答案： 违章指挥

4. 答案： 物　人　18%～24%

5. 答案： $流水线生产能力=\frac{流水线有限工作时间}{节拍}$

第二十四章

严禁压缩工期、改变工艺

安全漫画

安全禁令精讲

工期是指完成一个项目或一个单项工程，从正式开工到全部建成投产时所需要花费的时间。工艺是指建设这个项目或工程时的施工等作业标准。能保质、保量、按时完成工作任务，当然是最好的。但是，为了赶进度而压缩工期、擅自改变工艺所引起的问题并不少见，诸如“豆腐渣”工程等，存在着严重的安全隐患，企业自身必须警醒并加以严厉制止。

施工中，压缩工期不仅在人力、物力、财力等方面造成了巨大的损耗，更是存在着严重的安全隐患，还在社会上造成了十分恶劣的影响。另外，大幅缩短工期也是导致问题工程频繁发生的重要“祸根”。

科学、客观地确定合理工期，加强质量管理，保证质量，严禁任意压缩工期。任何作业的实施应当把安全放在第一位，要合理地对工期进行管理。确定工期需遵循的原则如图 24—1 所示。

图 24—1　工期管理原则

工艺管理是技术管理的组成部分，是实现优质、高产、低耗、高效益的保证，是衡量企业管理水平的标准之一。

不按照工艺规格进行操作，擅自改变生产工艺，给安全生产带来很多隐患。班组人员在进行工艺管理时，要根据工艺管理的原理，认真做好本职工作。工艺管理基本原理如图 24—2 所示。

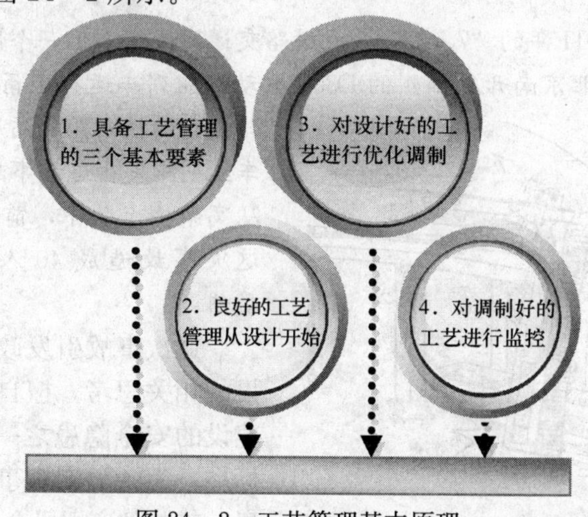

图 24—2　工艺管理基本原理

作业人员擅自改变工艺，没有对工艺的危害性加以考虑，从而导致事故的发生。工艺危害性的分析流程如图 24—3 所示。

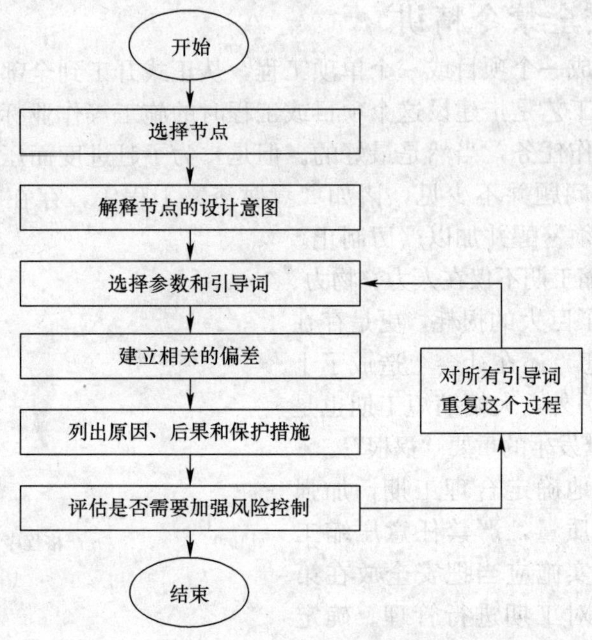

图 24—3　工艺安全分析流程

安全案例细说

【案例一】 2011 年的“7·23”重大铁路交通事故给人们一个惨痛的教训。事发当晚八点半左右，北京南开往福州的 D301 次动车组列车运行至甬温线永嘉站附近，与前行的杭州开往福州南的 D3115 次动车组列车发生追尾事故，后车四节车厢从高架桥上坠下，前车尾部严重变形。这次事故造成 40 人死亡，约 200 人受伤。

此次事故引发政府部门对铁路建设的相关思考。擅自压缩工期是铁路建设的安全隐患之一，违背工程建设标准，为各类安全事故的发生埋下隐患，威胁到广大民众的生命健康安全。

【案例二】 某实业有限公司发生火灾事故，造成5人死亡。据了解，事发当日，该公司的三种有机物分离系统废渣池着火，引起池内废渣和混合物沸腾外溢，引燃池边的铁桶内燃油物料。由于废渣池地势高，着火的物料流淌蔓延至成品简易仓库，引燃储存仓库中的硅油半成品（约400吨）和成品（约300吨），近百吨燃烧的物料流淌并包围地势较低的办公楼等建筑物，造成5人死亡。

经调查，事故发生的原因是该公司生产部门擅自改变生产工艺，将水改为白油用于冷却清洗废渣，废渣池边的真空泵不防爆，操作人员在关停真空泵时产生火花，引燃废池中的轻组分和白油，发生火灾。事故还暴露出工厂现场管理混乱、布置不合理的问题。

可见，在作业过程中，应该严格遵循工艺技术标准进行生产，才能使安全生产有所保障。否则，任意改变工艺技术会为生产埋下安全隐患这个不定时炸弹，随时发生安全事故，造成企业的经济损失和作业人员的人身伤害。

安全经典语录

■ 严禁违反程序擅自压缩工期。
■ 严禁违反程序改变技术方案和工艺流程。
■ 安全生产工艺系统不符合规定要求的要进行整改。
■ 自觉遵守各项工艺纪律是每一位作业人员的义务。
■ 生产工艺要符合安全生产法律、法规、标准、规程的要求。

安全操作工具

为保证班组的作业任务按质按量地完成，公司需要在制度上加以管理和完善。工期、工艺安全管理制度示范如下。

制度名称	工期、工艺安全管理制度			受控状态	
				编　　号	
执行部门		监督部门		编修部门	

第1章　总　　则

第1条　目的

为强化安全管理，严禁班组人员压缩工期、擅自改变工艺进行生产，消除由此引起的事故隐患，保障安全生产，特制定本制度。

第2条　适用范围

本制度适用于公司生产管理部门及各个生产班组。

续表

制度名称	工期、工艺安全管理制度			受控状态	
				编　　号	
执行部门		监督部门		编修部门	

第3条　职权职责

班组安全生产负责人主要职责如下：

1. 对在计划规定期限内未完成工艺准备工作而影响新产品的试制进度和生产任务的完成负责。
2. 对解决生产中发生的工艺技术问题不及时而影响生产负责。
3. 对在工艺技术上发生失、泄密现象负责。
4. 对缩短工期导致的所有后果负责。
5. 对延误工期、有意压缩工期的作业行为负责。

第2章　工期管理

第4条　班组工期计划的编制要依据上级项目部编制的施工计划、主要人员和设备的配置要求、作业人员的技术素质及劳动效率、作业现场条件、气候环境等。

第5条　工期计划编制时要认真研究作业图纸，并结合同类型作业的操作经验，采取科学的、合理的、有序的工序安排、工序穿插和抢工措施。

第6条　各个班组根据上级部门下发的工期目标，安排编制自己的作业施工组织设计，并制订年、季、月计划。

第7条　要向上级主管部门提供每日作业进度报告。

第8条　因自身原因造成的工期拖延的，应采取措施增加资源投入，在规定的时间内调整回来，严禁压缩工期进行作业。

第9条　各班组在进行每一个项目作业前，应对作业人员进行技术和施工工艺操作培训。

第3章　工艺管理

第10条　必须严格执行产品的工艺技术规定、安全技术规程、岗位操作规程。

第11条　改变或修正工艺技术指标前，生产、技术部门必须编制工艺技术指标变更通知单，并以书面形式下达。

第12条　操作者必须遵守工艺纪律，不得擅自改变工艺指标。

第13条　安全作业工器具的附件和联锁装置不得随便拆解，声、光报警等信号不准随意切断。

第14条　在工艺过程或设备处在异常状态时，不准随意进行交接班。

第15条　正常执行生产岗位操作规程，检查并确认水、电、气等符合生产要求，保证各种原料、材料、辅助材料的供应齐备、合格。

第16条　禁止采用不合格或被淘汰的工艺进行生产。

第17条　生产过程中要加强与有关岗位之间的联络，严格按产品的工艺要求进行生产。

第18条　工艺及机电设备等发生异常情况时，应迅速采取措施，并通知有关岗位协调处理，同时按步骤紧急停止作业。

第4章　附　　则

第19条　本制度由公司生产部负责制定、解释和修订。

第20条　本制度自颁布之日起开始实施。

修订记录	修订标记	修订处数	修订日期	修订执行人	审批签字

安全知识竞答

1. 什么是工期？
2. 工期管理遵循的原则是________、________、________。
3. 工艺管理的基本原理有哪些？
4. 禁止采用________或________的工艺进行生产。
5. 如何做好工艺安全分析，杜绝工艺管理安全隐患的发生？

---

1. 答案： 工期是指建设一个项目或一个单项工程从正式开工到全部建成投产时所经历的时间

2. 答案： 目标管理　过程控制　严格程序

3. 答案： 工艺管理的基本原理有以下四方面：具备工艺管理的三个基本要素、良好的工艺管理从设计开始、对设计好的工艺进行优化调制、对调制好的工艺进行监控

4. 答案： 不合格　被淘汰

5. 答案： 为杜绝工艺管理安全隐患的发生，进行工艺安全分析时，采用以下分析流程：

（1）先选择工艺的分析节点

（2）解释节点的设计意图

（3）选择参数和引导词对所分析解释的节点加以描述

（4）建立工艺各个阶段相关联的偏差

（5）列出工艺设计的原因、后果和保护措施

（6）评估该工艺是否需要加强风险控制

（7）对所有引导词等重复以上第 3—6 步的过程，直到所有引导词分析完为止

第二十五章

严禁在隐患未排除时作业生产

安全漫画

安全禁令精讲

生产经营单位的安全隐患，指违反安全生产法律法规、规章制度或标准等，或者因其他因素在生产经营活动中存在的可能导致不安全事件发生的物的危险状态、人的不安全行为和管理上的缺陷。

排除隐患，一定要从认识隐患的发生进行识别。从以上安全隐患的定义中，可以看出作业隐患发生的根源，主要表现在以下三方面，如图 25—1 所示。

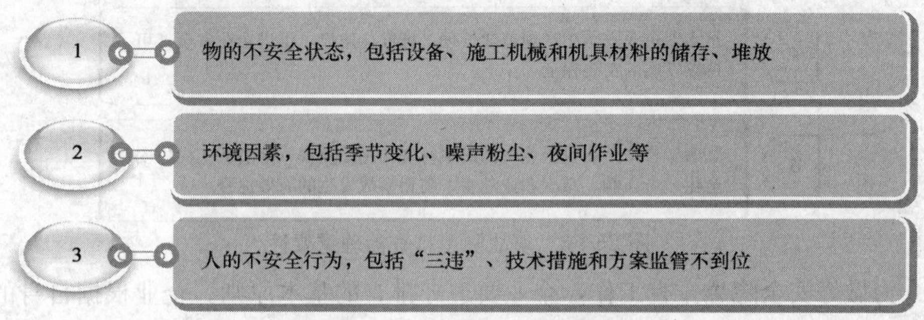

图 25—1　隐患发生的根源

为降低安全隐患给企业带来的损失，要进行安全隐患的排查治理工作。安全隐患的排查可以从以下六方面进行，即“六查”，如图 25—2 所示。

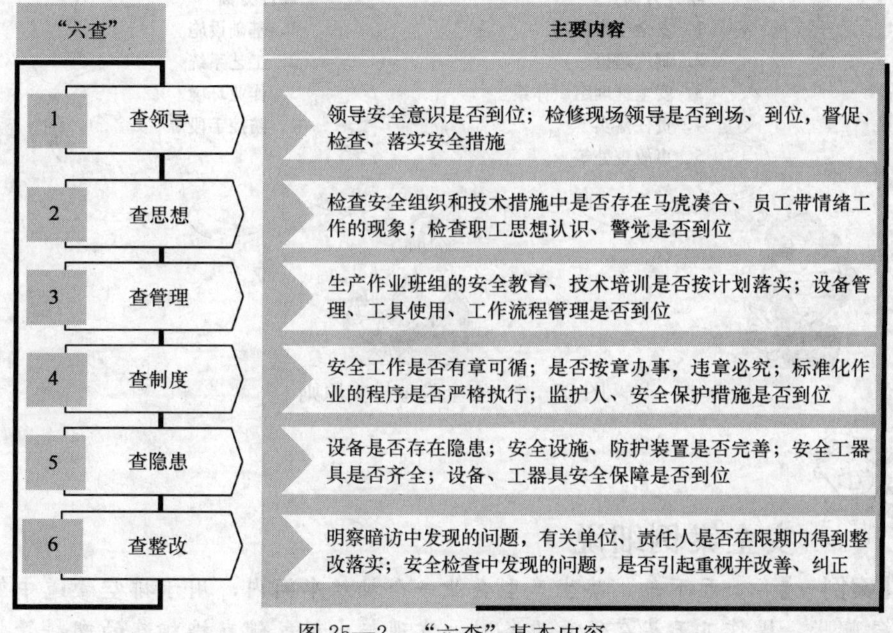

图 25—2　“六查”基本内容

企业组织开展安全隐患排查治理工作的重要之处体现在以下五方面，如图25—3所示。

1 是切实维护和落实企业职工安全生产参与权和监督权的重要举措

2 是工会组织参与企业安全生产监督管理的重要手段

3 是企业落实安全生产主体责任、夯实安全基础、实现关口前移、重心下移的重要措施

4 是实现企业安全生产规范化管理、标准化建设，推进企业安全、可持续发展的重要保证

5 是职工参与企业安全生产的民主管理和民主监督、落实职工岗位安全生产责任制、减少职业危害、防止事故发生的有效途径

图25—3　事故隐患排查治理重要性

为做好安全隐患排查工作，企业要遵守排查的基本原则。企业根据自身的特点，对软件方面的薄弱环节和硬件方面存在的隐患进行整改，隐患的整改可以从以下几个方面做起，如图25—4所示。

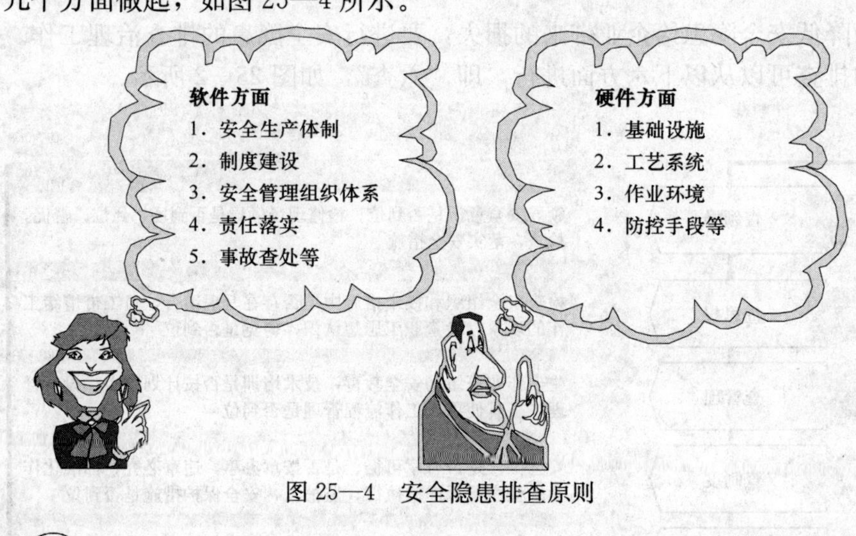

图25—4　安全隐患排查原则

安全案例细说

【案例一】　一天下午，某生产型企业一个抽丝车间内，用于排空管道中氧气的氮气膨胀，操作工王某在保养设备时，发现与出料气锁直接相连的塑料管起火

冒烟，便立即关闭了该管通往除尘房的管道拉手。同时，他又通知车间领导。厂领导及车间领导闻讯后，立即组织修理工赶赴现场拆除冒烟的管道，安保科安排保安人员维持抢险现场的秩序。

此案例造成火灾隐患发生的直接原因是抽丝膨胀设备在高温环境下已连续使用了三年，设备已经老化，车间工作人员没有进行及时更换，近期使用次数又过多。

为消除安全隐患，安全生产相关人员必须具备一定的能力。从案例可以看出，对于生产企业来说，消防安全的“四个能力”更为重要，它包括：检查消除火灾隐患的能力、扑救初期火灾的能力、组织疏散逃生的能力、宣传教育培训的能力。

【案例二】 年底，在某建筑工地上，正在现场施工的十几名工人中，一半以上竟然没有戴安全帽。经调查发现建筑公司为了赶进度，有一部分施工人员是临时招聘过来帮忙的，安全保障措施未能一步到位。

上述案例中出现的安全状况着实令人担忧。为了赶工程进度，有些企业竟然将员工的生命安全置之度外。

对造成事故的安全隐患进行分析，可以发现主要有以下几种情况。

1. 劳动组织不合理。企业在定岗、定员、定责上存在严重缺陷。出现安全事故，很大程度上是因为作业现场没有进行6S管理。6S是指整理（SEIRI）——充分利用空间、整顿（SEITON）——提高生产效率、清扫（SEISO）——优化人文环境、清洁（SEIKETSU）——维持良好环境、素养（SHITSUKE）——提升员工的品质、安全（SECURITY）。

2. 隐患整改不重视。企业对隐患极不重视，不采取相应的排查措施，整改不力。

3. 员工培训不落实。企业名义上有培训实习制度，但实际上并未按照有关要求对员工进行严格的技能培训和考核。

安全经典语录

■ 安全隐患是安全生产管理工作中薄弱环节显现的苗头。

■ 事故潜伏在隐患当中，消除隐患等于降低事故发生概率。

■ 不要生了病才想起锻炼身体；不要出了事故才知道安全重要。

■ 消除一切安全隐患，保障生产工作安全。

■ 简化作业省一时，贪小失大苦一世。

■ 消防设施，常做检查；消除隐患，预防事故。

安全操作工具

班组是生产的基本单位，生产过程中不可避免地滋生和隐藏隐患。为了更好地搞好生产，作为班组长，应及时发现和排除隐患，具体应按照以下隐患排查及整改制度执行。

<table>
<tr><td rowspan="2">制度名称</td><td rowspan="2" colspan="3">班组隐患排查及整改制度</td><td>受控状态</td><td></td></tr>
<tr><td>编　　号</td><td></td></tr>
<tr><td>执行部门</td><td></td><td>监督部门</td><td></td><td>编修部门</td><td></td></tr>
<tr><td colspan="6">

第1章　总　　则

第1条　目的

为强化安全管理，及时消除事故隐患，保障安全生产，特制定本制度。

第2条　适用范围

本制度适用于公司各个作业班组。

第3条　相关定义

本制度涉及事故隐患、隐患整改的“三定”措施和事故处理的“四不放过”原则。

1. 事故隐患分为一般事故隐患和重大事故隐患。

(1) 一般事故隐患，是指危害和整改难度较小，发现后能立即整改排除的隐患。

(2) 重大事故隐患，是指危害和整改难度较大，应当全部或者局部停产停业，并经过一定时间整改治理能排除的隐患，或者外部因素使生产经营单位自身难以排除的隐患。

2. “三定”即隐患整改所采取的定方案、定人员、定资金的落实措施。

3. “四不放过”原则，即在处理安全事故时，事故原因没有查清不放过，事故责任者没有受到处理不放过，群众没有受到教育不放过，没有落实防范措施不放过。

第4条　职权职责

班组的每一位职工都负有隐患排查上报的权利和义务，凡在现场发现的隐患都应及时向公司相关责任部门汇报。

第2章　隐患排查及整改内容

第5条　记录追踪

班组长应对每天的检查记录进行分析对比，通过对比能及时发现和解决存在的问题，对已查到的隐患应及时整改，通过记录复查防止隐患不整改或整改不彻底。

第6条　现场巡检

班组长通过现场巡检，掌握设备动态情况、制度执行情况、个人情绪变化情况、环境因素情况，从中发现各种不安全因素，及时采取措施控制事故隐患。

第7条　重点检查

</td></tr>
</table>

续表

<table>
<tr><td rowspan="2">制度名称</td><td colspan="3" rowspan="2">班组隐患排查及整改制度</td><td>受控状态</td><td></td></tr>
<tr><td>编　号</td><td></td></tr>
<tr><td>执行部门</td><td></td><td>监督部门</td><td></td><td>编修部门</td><td></td></tr>
</table>

班组长应根据本班组设备危险源的分布情况进行定点检查，并重点在夜间、节假日加强检查，更多地发现不安全因素。

第 8 条　认真开展定期安全大检查制度和不定期抽检、复检制度，利用多种手段及时发现和处理各种事故隐患。

第 9 条　各班组安全管理员、班长在生产现场及时发现和查处本区域业务范围内的事故隐患对于重大事故隐患的处理，要有计划、有步骤、有措施。

第 10 条　当班安全员必须贯彻巡回检查制度，发现事故隐患应当场指出，并要求当班人员立即进行整改。

第 11 条　如果有重大事故隐患，当班安全员必须向有关领导汇报，交班前，必须填好汇报记录。

第 12 条　当班人员和隐患处理负责人须无条件处理各种安全隐患，处理隐患时要有专员现场指导。

第 13 条　重大事故隐患处理后，要依照事故处理的“四不放过”原则进行分析和总结。

第 14 条　隐患在未整改之前必须每次都报，直至隐患整改完成，并做好验收工作。

第 3 章　奖 惩 办 法

第 15 条　为鼓励和奖励举报事故隐患，确保安全生产，对以下举报范围的人员进行____元/次的奖励。

1. 举报违反安全生产法律法规的行为，以及其他相关的各类违法行为。

2. 举报违反公司生产标准、规程和安全生产管理制度，影响公司安全生产的违法行为。

第 16 条　班组成员中不配合排查者，记录在册并上报，再对其罚款____元。

第 17 条　应该排查重大安全隐患却不按期排查的，对班组总负责人罚款____元。

第 18 条　已排查的重大事故隐患到期未整改完成的，对整改负责人进行处罚。

第 19 条　对不按期组织或参加验收的人员，每人罚款____元。

第 20 条　因验收不负责任，安全隐患未整改完成而签字销号者，对参验人员各罚款____元，造成事故的追究其行政管理责任。

第 4 章　附　　则

第 21 条　本制度由公司安全办负责制定、解释和修订。

第 22 条　本制度自颁布之日起开始实施。

<table>
<tr><td rowspan="3">修订
记录</td><td>修订标记</td><td>修订处数</td><td>修订日期</td><td>修订执行人</td><td>审批签字</td></tr>
<tr><td></td><td></td><td></td><td></td><td></td></tr>
<tr><td></td><td></td><td></td><td></td><td></td></tr>
</table>

安全知识竞答

1. 安全隐患包括三大类，分别是________、________、________。

2. “三定”即隐患整改所采取的________、________、________的落实措施。

3. 事故隐患分为________和________。

4. 安全隐患的排查，包括“六查”，分别是________、________、________、________、________、________。

5. 现场管理6S，它们是________、________、________、________、________、________。

---

1. 答案：“三非”　“三违”　“三超”

2. 答案：定方案　定人员　定资金

3. 答案：一般事故隐患　重大事故隐患

4. 答案：查领导　查思想　查管理　查制度　查隐患　查整改

5. 答案：整理　整顿　清扫　清洁　素养　安全

第二十六章

严禁生产事故上报不及时

安全漫画

安全禁令精讲

安全生产事故虽不能完全消除，但是可以通过事故上报得到有效管理，以便及时采取措施，从而降低企业的各项损失。

伤亡事故一旦发生，为了让有关部门及时掌握情况，迅速采取救援措施，必须按照有关程序及时报告。伤亡事故的报告应满足以下三点要求，如图 26—1 所示。

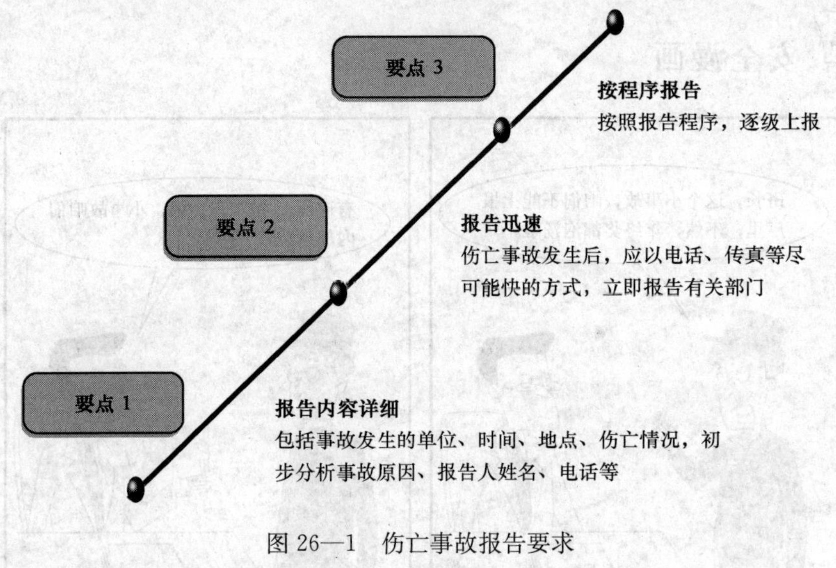

图 26—1　伤亡事故报告要求

进行事故上报时，要注重事故上报的程序，争取把事故的损失降到最小，同时做好安全事故的备案工作。按照规定，事故现场有关人员和单位负责人的报告（24 小时内）程序如下。

1. 事故内部报告程序

伤亡事故发生后，负伤者或事故现场有关人员应当立即直接或者逐级报告。

2. 企业事故上报程序

（1）重伤、死亡和重大死亡事故报告程序

单位负责人接到重伤、死亡、重大死亡事故报告后，应立即向上级安全部门报告。

（2）特大事故上报程序

发生特大事故时，单位负责人在收到现场人员的即时报告后，应立即将发生特大伤亡的情况报告单位所在地的安全管理部门。

同时，单位负责人在组织救援、进行事故控制的同时，应向主管部门报告，主管部门再向安全监管部门或其他有关部门逐级上报，一般不能越级上报。

事故上报的同时，要对事故进行初步的调查。调查组在最终完成事故调查时，要形成一份完整的事故调查报告，并及时上报安全部门。事故调查报告的编制是严谨、科学的，主要包括封面、标题页、摘要、目录、注释或叙述部分、可能的事故原因的讨论以及结论和建议部分。

事故调查报告中包括的主要信息有：事故背景信息、事故描述、事故原因（包括直接原因、间接原因）、事故教训及预防事故发生的建议、对事故责任人的处理建议、事故调查组的成员名单、其他需要说明的事项。

安全案例细说

【案例一】 2012 年，某村村民与附近的石材厂工人发生群体性械斗事件，事件造成 67 人受伤，但该地所在市委于第二天零时才初报情况。由于上级对此次事件的知晓迟缓，导致控制与指挥不及时，造成了不可估量的损失。同年夏天，某市下辖的小型煤矿发生井下火灾，24 人遇难。但该市委事发第二天下午才向上级报告情况，省公安厅、省安监局等相关单位也没有及时向省委报送信息。这些都有推卸责任之嫌，加大了事故的控制难度。

事故上报得不及时大多是由于制度不完善引起的，要加强相关制度的完善，并对履行职责的相关人员进行责任追究。

【案例二】 山西省某化工厂内，由于管理不善、设备陈旧失修，造成甲苯外泄，外泄量超过2吨。大量的有毒物质流入附近河流，水质和土壤遭到严重污染，空气质量也受到一定程度的影响。甲苯对人和动物的皮肤、黏膜有刺激性，对中枢神经系统有麻痹作用。短时间内吸入较高浓度的甲苯可使眼及上呼吸道出现明显的刺激、眼结膜及咽部充血、头晕、恶心、呕吐、胸闷、四肢无力等症状。工厂负责人没有及时向当地管理部门上报污染情况，造成工厂附近河流流域的居民中毒现象逐渐增多。

事故发生了1天后，有关部门通过其他途径才得以了解该事故，随后便开展救援工作。此时，工厂附近多数人出现情绪躁动、抽搐、昏迷等现象。牲畜饮用了受污染的水，死亡数量不详，直接损失40余万元。工厂进行了道歉，并给予了相应的赔偿。

当地居民称，事发后，他们没有接到任何通知，来不及采取自救措施，才造成了如此大规模的污染事件。

上述有毒物质泄漏的现象时有发生，事故上报不及时助推了事故的严重性。

瞒报之所以一再发生，与问责制度软弱有很大的关系。无论是对环保事故的认识不够、警惕性不高，还是对甲苯流入河流后污染的危害性估计不足，没有及时上报是事实，工厂的道歉是必要的。但有关部门不能让道歉成为一种福利，更不能以道歉代替问责。

安全经典语录

- 事故不及时上报，就是对员工的犯罪。
- 鼓励上报事件，提前遏制事故。
- 严禁隐瞒不报、谎报、故意拖延不报。
- 事故的处理，做到“四不放过”。
- 完善事故上报制度，杜绝安全事故的再次发生。

安全操作工具

为杜绝班组安全事故出现隐瞒不报、谎报、故意拖延不报的现象，加强企业安全生产的保障措施，必须在制度上得到保证。班组安全生产事故上报制度范例如下。

<table>
<tr><td rowspan="2">制度名称</td><td colspan="3" rowspan="2">安全生产事故上报制度</td><td>受控状态</td><td></td></tr>
<tr><td>编　　号</td><td></td></tr>
<tr><td>执行部门</td><td></td><td>监督部门</td><td></td><td>编修部门</td><td></td></tr>
</table>

第1章　总　则

第1条　目的

为了及时报告、统计、调查和处理职工伤亡事故，积极采取预防措施防治伤亡事故，杜绝类似事故的再次发生，特制定本制度。

第2条　适用范围

本制度适用于公司从事生产、管理的人员在工作过程中所发生的本人和非本人责任的各类事故。

第3条　相关定义

本制度所采用的“四不放过”原则是指，在处理安全事故时，事故原因没有查清不放过，事故责任者没有受到处理不放过，群众没有受到教育不放过，没有落实防范措施不放过。

第2章　事故报告方式与内容

第4条　报告方式可用电话、传真或其他快速方法。总之，事故报告要做到“快”和“准”。

第5条　事故报告的主要内容

1. 事故发生的时间、地点、具体班组及事故现场情况等。

2. 事故简要经过、伤亡人数和初步估计的直接经济损失。

3. 事故发生的初步原因。

4. 事故发生后采取的措施及控制情况。

5. 其他应当报告的情况。

第3章　事故管理

第6条　伤亡事故发生后，负伤者或事故现场有关人员应当立即直接或逐级报告公司负责人。

第7条　任何人员接到报告后应立即组织救护，并注意保护现场。发生重大事故时，应成立专门的事故调查小组。

第8条　事发后，所在部门的主要负责人应认真填写事故报告。若负责人不在事发现场，应及时向有关人员了解相关情况。

第9条　事故报告应能真实、准确地反映事故发生的时间、地点、经过，并经所在部门主要负责人签字确认后，报告公司上级安全部门。

第10条　公司根据事故调查确认的事实进行事故分析，找出事故发生的直接原因和间接原因，并根据事故发生的原因划分责任。

第11条　因工致重伤或死亡的，所在部门应立即上报公司安全部门，并按照公司的安排和决策采取行动，任何人不得私自行事。

第4章　事故处理后期工作

第12条　事故处理后，应立即上报公司安全部门。

第13条　事故调查过程中所收集的资料由公司安全部门予以保管。

第14条　积极采取措施，充分完善安全防护，杜绝类似事故的再次发生。

第5章　事故上报时效及奖惩办法

第15条　事故未及时报告安全负责人的，处罚当事人____元。

第16条　事故损失在____元以下，在____内未上报公司安全部门的，处罚班组安全负责人____元。

第17条　发生重大安全事故且伤及作业人员时，所在部门应及时启动应急预案，并第一时间上报公司安全部门，由安全部门直接安排救治方案，所在部门全力配合。事发部门不得擅自决定，否则应对主要负责人处以____元罚款。

续表

<table>
<tr><td rowspan="2">制度名称</td><td colspan="3" rowspan="2">安全生产事故上报制度</td><td>受控状态</td><td></td></tr>
<tr><td>编　　号</td><td></td></tr>
<tr><td>执行部门</td><td></td><td>监督部门</td><td></td><td>编修部门</td><td></td></tr>
</table>

第18条　不论事故大小，该处理的要及时处理，该上报的要及时上报。若有隐瞒不报或不实事求是报告的，发现后，应根据事故大小，对主要负责人处以相应罚款，并在全公司进行通报。

第19条　检举揭发出班组发生安全事故不报或弄虚作假问题的，一经证实，奖励检举揭发人____元。

第6章　附　　则

第20条　本制度由公司安全办负责制定、解释和修订。

第21条　本制度自颁布之日起开始实施。

<table>
<tr><td rowspan="3">修订
记录</td><td>修订标记</td><td>修订处数</td><td>修订日期</td><td>修订执行人</td><td>审批签字</td></tr>
<tr><td></td><td></td><td></td><td></td><td></td></tr>
<tr><td></td><td></td><td></td><td></td><td></td></tr>
</table>

安全知识竞答

1. 一般事故是如何定义的？

2. “四不放过”原则，是在处理安全事故时，________、________、________、________。

3. 事故调查报告内容主要有哪些？

4. 事故调查报告内容主要包括的信息有哪些？

5. 伤亡事故报告应满足________、________、________三大技术要求。

6. 按照事故等级划分标准，将事故划分为________、________、________、________四个等级。

1. 答案：一般事故是指造成 3 人以下死亡，或者 10 人以下重伤，或者1 000 万元以下 100 万元以上直接经济损失的事故

2. 答案：事故原因没有查清不放过　事故责任者没有受到处理不放过　群众没有受到教育不放过　没有落实防范措施不放过

3. 答案：主要包括封面、标题页、摘要、目录、注释或叙述部分、可能的事故原因的讨论，以及结论和建议部分

4. 答案：背景信息、事故描述、事故原因、事故教训及预防事故发生的建议、对事故责任人的处理建议、事故调查组的成员名单、其他需要说明的事项

5. 答案：报告内容详细　报告迅速　按照报告程序逐级上报

6. 答案：一般事故　较大事故　重大事故　特别重大事故

第二十七章

严禁无安全生产固定例会

安全漫画

安全禁令精讲

安全生产例会是企业经常性、基础性工作的重要内容，对于贯彻安全生产的方针政策、研究制定安全防范措施、总结安全管理经验教训、提高全员安全技能、保障职工的安全与健康等有着重要作用。

进行安全生产例会是生产型企业必需具备的管理程序之一。每个企业对于安全生产例会的规定各不相同，但是一般情况下，都会包括安全员、班组、部门和公司 4 个级别的例会，下面是企业安全生产例会的管理规定的一个示例，如图 27—1 所示。

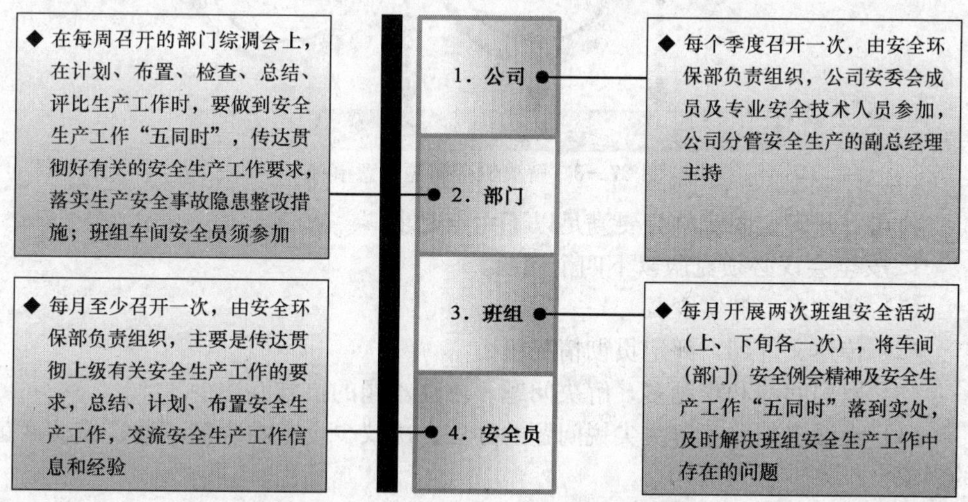

图 27—1 公司安全生产例会管理规定

然而，目前有些基层单位在召开安全生产例会时，却存在着不知道怎么开会、开什么会等会议质量不高的现象，主要表现在“六不”上，如图 27—2 所示。

图 27—2 安全生产例会存在的问题

为解决例会存在的问题，提高例会质量，企业各个级别的例会参与和组织人员应在以下四方面下工夫，如图27—3所示。

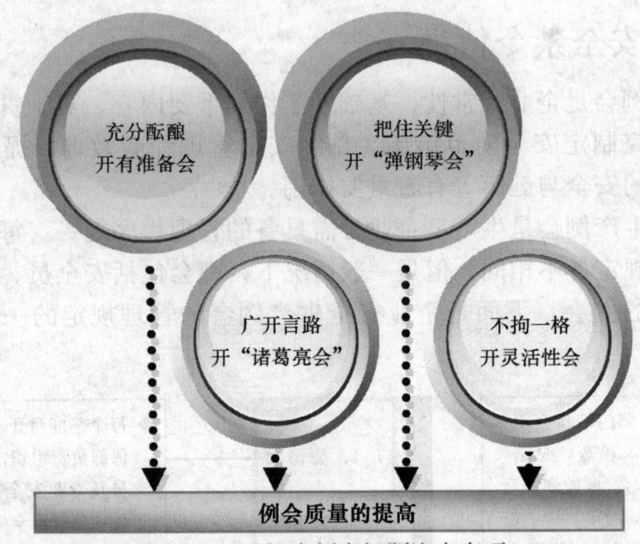

图27—3　解决例会问题注意事项

公司召开安全固定例会要满足以下六点要求。

1. 安全会议必须克服以下四个问题。

（1）务虚多，务实少。

（2）传达文件细，评定贯彻情况粗。

（3）罗列问题和难题多，解决问题、攻克难题的措施办法少。

（4）大话多，关于解决尖锐问题的办法、决议少，存在含糊不清、模棱两可的现象。

2. 从根本上杜绝安全会议流于形式。

3. 各级安全会议应根据具体要求确定参加人员，参加会议的人员必须严肃会议纪律，无特殊情况一律不得请假。

4. 重大问题的研究解决会议，必须做好充分的准备，有书面的材料。

5. 安全会议必须做好记录，条件允许时再做好书面记录。

6. 安全会议确定的安全工作安排必须按时、按质完成并落实到位，且应有相应的监督制度。

安全案例细说

正如一副对联所说，“今天开会，明天开会，天天开会；你也讲话，我也讲话，人人讲话”，可实际问题却“无法落实”。所以，人们对“会山会海”深恶痛绝。

所以，企业应该建立完善的例会制度，规范例会的召开，并落实例会的成果。

某企业生产车间，工人的工作情绪很是低落，工作质量可想而知。但是，作为车间班长的梁某并没有对工人的工作状态进行批评指正。

经调查了解到，公司并没有明确规定每周或是每月有固定的会议，大部分车间很少召开会议或是根本就不开会。如果对工人逐个进行纠正，很浪费时间和精力，还起不到相应的效果。梁某向上级反映情况，但都未能得到根本的解决。时间一长，梁某对这些现状也熟视无睹，工人的操作技能也有很大下滑。公司的会议制度不完善，最终造成了生产质量的低下。

安全经典语录

■ 适时会议，宣传安全文化知识，推动安全文明生产。

■ 必要的会多开，无关紧要的会不开。

■ 严格杜绝“会山会海”。

■ 两天一小会，三天一大会，最终都不会。

■ 会议应能集思广益，共同解决问题与危机。

■ 通过会议检讨、改进缺失。

安全操作工具

为了从制度上保障单位形成定期研究安全问题的机制，应建立单位内部安全生产管理的长效机制，安全生产例会制度范例如下。

<table>
<tr><td rowspan="2">制度名称</td><td colspan="3" rowspan="2">班组安全生产固定例会制度</td><td>受控状态</td><td></td></tr>
<tr><td>编　　号</td><td></td></tr>
<tr><td>执行部门</td><td></td><td>监督部门</td><td></td><td>编修部门</td><td></td></tr>
<tr><td colspan="6">第1条　目的
为使公司各班组的安全工作例会规范化、统一化、标准化，特制定本制度。
第2条　使用范围
本制度适用于企业内部各车间班组。
第3条　职责
安全例会根据实际情况，由班组代表负责主持。
第4条　会议主要内容
1. 每月各班组召开两次安全生产工作例会，会议时间应相对固定。
2. 安全生产例会应根据会议的研究内容，指定相关人员出席。
3. 传达贯彻上级有关部门各种文件精神；分析通报安全生产形势，研究部署安全生产工作，制订安全生产工作计划。
4. 各班组安全生产工作总结，即上期例会工作任务完成情况总结，包括采取措施、先进经验和典型做法等。
5. 班组在布置、小结施工任务的同时，做好安全施工交底和交接班手续。
第5条　班组负责人参加上级安全固定例会时，必须做到以下五点要求。
1. 按时参加会议并汇报工作，同时上报主要工作任务情况的文字材料。
2. 汇报工作时间不超过10分钟。
3. 文字材料在1 000字以内。
4. 认真听会并做好会议记录（会议记录表见下表所示），备有安全生产工作专用记录本。
5. 参会人员原则上不得请假，如有特殊情况，须向单位负责人请假。
第6条　遵守会议纪律</td></tr>
</table>

续表

<table>
<tr><td rowspan="2">制度名称</td><td rowspan="2" colspan="3">班组安全生产固定例会制度</td><td>受控状态</td><td></td></tr>
<tr><td>编　　号</td><td></td></tr>
<tr><td>执行部门</td><td></td><td>监督部门</td><td></td><td>编修部门</td><td></td></tr>
<tr><td colspan="6">1. 参会人员必须提前10分钟到场，不得迟到或早退。
2. 开会时必须将手机设置为关机或振动状态。
第7条　安全生产例会工作内容、完成任务情况、会议记录将列入年度考核内容，与相关人员的奖金挂钩。
第8条　企业行政部门负责本办法的制定、解释、修订和废止。
第9条　本办法自颁布之日起开始实施。</td></tr>
</table>

修订记录	修订标记	修订处数	修订日期	修订执行人	审批签字

班组安全例会的负责人员应安排专人对会议的主题、时间、地点、参会人员以及会议的主要内容进行记录，安全工作会议记录表见表27—1。

表27—1　　　　安全工作例会记录表

时间：____年____月____日

会议主题					
会议地点		会议时间		会议记录	
参会人员					
会议内容					

安全知识竞答

1. 公司召开会议一般会出现的“六不”现象是：________、________、________、________、________、________。

2. 为解决公司召开例会存在的问题，提高例会质量，可以从________、________、________、________方面下工夫。

3.《公司安全生产例会管理制度》规定，班组每________召开________次安全生产例会。

4. 安全生产例会有什么作用？

5. 安全会议必须克服________、________、________、________现象。

1. 答案：认识不清　贯彻不实　形式不多　主体不明　内容不全　时间不活

2. 答案：充分酝酿，开有准备会　广开言路，开“诸葛亮会”　把住关键，开“弹钢琴会”　不拘一格，开灵活性会

3. 答案：月　两

4. 答案：安全生产例会是企业经常性、基础性工作的重要内容，对于贯彻安全生产的方针政策、研究制定安全防范措施、总结安全管理经验教训、提高全员安全技能、保障职工的安全与健康等有着重要作用。

5. 答案：务虚多，务实少　传达文件细，评定贯彻情况粗　罗列问题和难题多，解决问题、攻克难题的措施办法少　大话多，关于解决尖锐问题的办法、决议少

第二十八章

严禁施工现场无安全警示标志

安全漫画

安全禁令精讲

《中华人民共和国安全生产法》规定：生产经营单位应当在有较大危险因素的生产经营场所和有关设施、设备上，设置明显的安全警示标志。要求生产经营单位在具有危险因素的场所、设施、设备上都设置明显的安全警示标志，这是贯彻“安全第一，预防为主，综合治理”方针的具体管理措施。

人的“疏忽”或“不注意”是引起事故的直接原因，生产经营单位对不可避免的不安全环境和不安全状态，必须在显著位置设置安全警示标志，以警示人们“注意”或按规定配备防护用品。另外，安全标志还有引导人们安全脱离危险环境的功能，如“安全通道”标志等。

安全标志的设立还要辅以对员工安全教育的配合，使安全意识深入人心。员工学习手册安全标志参照表见表 28—1。

表 28—1 安全标志参照表

名称及图形符号	标志种类	设置范围和地点	名称及图形符号	标志种类	设置范围和地点
禁止吸烟	H	有甲、乙、丙类火灾危险物质的场所和禁止吸烟的公共场所等，如：木工车间、油漆车间、沥青车间、纺织厂、印染厂等	禁止烟火	H	有甲、乙、丙类火灾危险物质的场所，如：面粉厂、煤粉厂、焦化厂、施工工地等
禁止带火种	H	有甲类火灾危险物质及其他禁止带火种的各种危险场所，如：炼油厂、乙炔站、液化石油气站、煤矿井内、林区、草原等	禁止用水灭火	H，J	生产、储运、使用中有不准用水灭火的物质的场所，如：变压器室、乙炔站、化工药品库、各种油库等
禁止放易燃物	H，J	具有明火设备或高温的作业场所，如：动火区，各种焊接、切割、锻造、浇注车间等场所	禁止启动	J	暂停使用的设备附近，如：设备检修、更换零件等

续表

名称及图形符号	标志种类	设置范围和地点	名称及图形符号	标志种类	设置范围和地点
禁止转动	J	检修或专人定时操作的设备附近	禁止触摸	J	禁止触摸的设备或物体附近，如：裸露的带电体，炽热物体，具有毒性、腐蚀性物体等处
禁止攀登	J	不允许攀爬的危险地点，如：有坍塌危险的建筑物、构筑物、设备旁	禁止入内	J	易造成事故或对人员有伤害的场所，如：高压设备室、各种污染源等入口处
禁止入内	J	易造成事故或对人员有伤害的场所，如：高压设备室、各种污染源等入口处	禁止堆放	J	消防器材存放处、消防通道及车间主通道等
当心火灾	H，J	易发生火灾的危险场所，如：可燃性物质的生产、储运、使用等地点	当心吊物	H，J	有吊装设备作业的场所，如：施工工地、港口、码头、仓库、车间等
注意安全	H，J	易造成人员伤害的场所及设备等	当心触电	J	有可能发生触电危险的电器设备和线路，如：配电室、开关等
当心跌落	J	易于跌落的地点，如：楼梯、台阶等	当心滑倒	J	地面有易造成伤害的滑跌地点，如：地面有油、冰、水等物质及滑坡处

续表

续表

名称及图形符号	标志种类	设置范围和地点	名称及图形符号	标志种类	设置范围和地点
当心坠落	J	易发生坠落事故的作业地点，如：脚手架、高处平台、地面的深沟（池、槽）、建筑施工、高处作业场所等	当心扎脚	J	易造成脚部伤害的作业地点，如：铸造车间、木工车间、施工工地及有尖角散料等处
当心烫伤	J	具有热源、易造成伤害的作业地点，如：冶炼、锻造、铸造、热处理车间等	当心伤手	J	易造成手部伤害的作业地点，如：玻璃制品、木制加工、机械加工车间等
当心车辆	J	厂内车、人混合行走的路段，道路的拐角处、平交路口；车辆出入较多的厂房、车库等出入口处	紧急出口	J	便于安全疏散的紧急出口处，与方向箭头结合设在通向紧急出口的通道、楼梯口等处

安全案例细说

【案例】 2004年4月的一天，某市区内，一位电信线路维护工进行井下作业。完工后，该电工从窨井下爬出时，因没有向四周观看，被一辆疾驰而来的小轿车撞到头部，当场死亡。

在施工现场，该电工未将安全警示牌置于作业窨井旁，导致过往车辆不能及时辨清突然而来的事物。该电工安全意识淡薄，最终“送”走了自己。

安全经典语录

■ 安全源于警示，事故出于麻痹。

■ 清晰有效的警示标志，是我们安全的有效保证。

■ 安全靠标志，作业依规章，严守不能忘。

安全操作工具

为在生产活动中切实发挥安全标语、安全标志提醒人们警惕不安全因素的作用，最大限度地避免发生因工伤亡事故，生产班组要认真做好此方面的工作，按照以下的安全标志使用管理办法执行。

<table>
<tr><td rowspan="2">制度名称</td><td colspan="3" rowspan="2">安全标志使用管理办法</td><td>受控状态</td><td></td></tr>
<tr><td>编　　号</td><td></td></tr>
<tr><td>执行部门</td><td></td><td>监督部门</td><td></td><td>编修部门</td><td></td></tr>
</table>

第 1 条　为切实发挥安全标语、安全标志在预防事故中的作用，提醒人们对不安全因素的警惕，根据国家有关标准及企业其他相关规定制定本办法。

第 2 条　凡本企业生产场所，均适用本办法。

第 3 条　安全标语由简短文字组成，以口号的形式表达特定的安全内容；安全标志由安全色、几何图形、图形符号及图形的文字说明组成，以表达特定的安全内容。

第 4 条　安全标语的内容按市劳动局发布的安全生产口号执行，不足的部分可根据企业具体情况自定；安全标志的内容、规格、色彩按国标 GB 2894—2008《安全标志及其使用导则》中的规定执行。如遇国标中没有而又必须设置的，则应按国标中规定的规格、色彩自制安全标志。

第 5 条　凡下列地域必须设置大幅、醒目的安全标语：

1. 所有生产场所的大门口。
2. 生产场所的主要道路两旁和交叉路口。
3. 生产场所内所有易发生事故的特种作业岗位和危险区域。
4. 工矿企业的生产车间内和建设工地的在建主体工程上。
5. 主管生产的领导干部办公室内和固定的职工休息场所。

第 6 条　有夜间生产的企业应尽量使用带有灯光的安全标语。

第 7 条　安全标志的使用按国标 GB 2893—2008《安全色》的规定设置。

第 8 条　安全标语、安全标志的设置应醒目、牢固，字迹、图像要整齐、清晰。

第 9 条　对字迹或图像模糊不清、残损不全等不符合规定的安全标语、安全标志，必须及时修整、更换。

第 10 条　企业负责安全标语和安全标志的正确设置，企业主管部门负责检查落实。

第 11 条　企业安全部门负责本办法的制定、解释和修订。

第 12 条　本办法自颁布之日起开始实施。

<table>
<tr><td rowspan="3">修订
记录</td><td>修订标记</td><td>修订处数</td><td>修订日期</td><td>修订执行人</td><td>审批签字</td></tr>
<tr><td></td><td></td><td></td><td></td><td></td></tr>
<tr><td></td><td></td><td></td><td></td><td></td></tr>
</table>

安全知识竞答

1. 以下图标各表示什么？

2. 有夜间从事生产的企业应尽量使用________安全标语？

3. 安全标语、安全标志的设置应________、________、________、________、________。

4. 对字迹或图像模糊不清、残损不全等不符合规定的安全标语、安全标志，必须及时________、________。

5. 安全标志由________、________、________及________组成，以表达特定的安全内容。

6. 安全标志分为________、________、________、________四类。

7. 安全色国家标准中，规定________、________、________、________四种颜色为安全色。

8. 各个消防通道应该设置什么安全警示标志？

---

1. 答案：禁止用水灭火　必须戴防护帽　禁止入内　当心坠落　紧急出口

2. 答案：带有灯光的

3. 答案：醒目　牢固　字迹　图像要整齐　清晰

4. 答案：修整　更换

5. 答案：安全色　几何图形　图形符号　图形的文字说明

6. 答案：禁止标志　警告标志　指令标志　提示标志

7. 答案：红色　蓝色　黄色　绿色

8. 答案：应急出口

第二十九章

严禁无资质人员从事特种作业

安全漫画

安全禁令精讲

现代企业对于员工的职业资质要求与审核并不十分严格，往往为了节约成本，忽略了作业人员上岗前的资格审查，造成了事故的发生。

特种作业人员是从事特殊作业的操作人员，在安全生产过程中起到重要的作用。国家安全生产管理部门对特种作业人员的安全技术培训和考核有着严格的规定和具体的要求。因此，企业应加强对员工的职业资质的审查力度。作为特种作业人员，应具备的资质要求如图 29—1 所示。

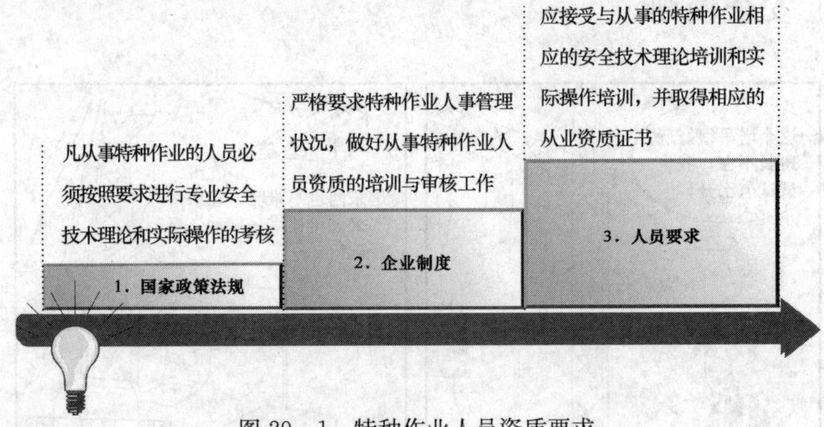

图 29—1　特种作业人员资质要求

班组在进行特种作业人员甄选时，应严格遵守国家相关规定。根据《特种作业人员安全技术培训考核管理规定》，只有满足以下条件的，才可参加特种作业人员的考试和选拔，具体条件如图 29—2 所示。

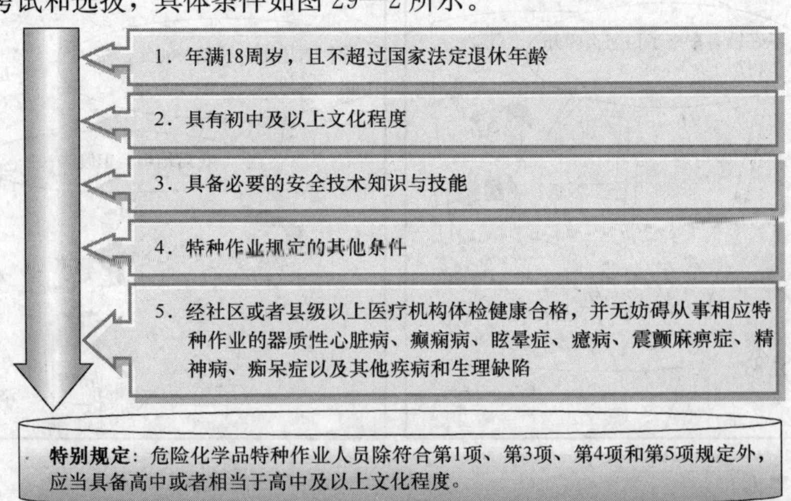

图 29—2　参加特殊作业人员资格考试的条件

近几年来，无证上岗的现象非常普遍。企业除了要求从业人员的资质外，从事培训业务的企业或用人单位本身，也应具备基本的安全意识，具体要做到以下三方面，如图 29—3 所示。

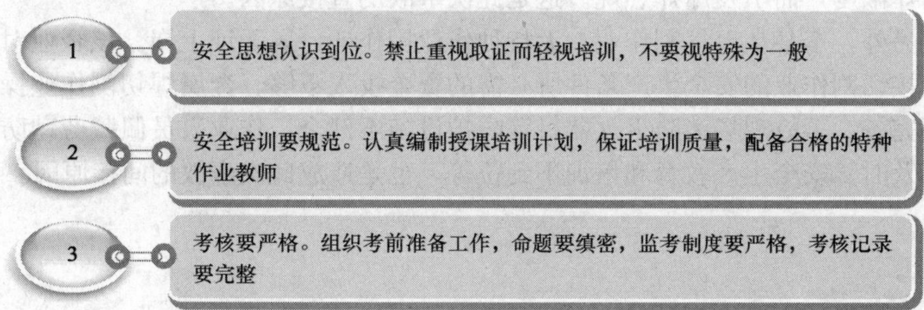

图 29—3　所具备的安全意识

安全案例细说

【案例一】 某周六的晚上，小刘和舍友小张一起去学校南门斜对面的理发厅。理发的师傅戚某动作很不娴熟，让小刘看着就捏一把汗，不一会儿，理发师就剪到小张的耳朵。小张原以为只是小事，止止血就可以了，也就没说什么，可是血止了好久也没有止住。然而，戚某没当回事，竟然对小张说："你去旁边的卫生站看看吧!"。在小刘、小张的强烈要求下，戚某很不愿意地去了学校附近的医院。医生本以为缝几针就好了，可是还是血流不止。经检查，原来小张是被剪到了一根经脉！小张最后缝了四针，当医生缝好的时候，小张的半边脸上全是血，小刘看着很是揪心。

对于医院缝合的相关费用，小刘、小张和理发师戚某起了冲突，小张二人认为理发师戚某应当承担全部责任，理应负责全部费用，但戚师傅拒绝支付。后来了解到，戚某竟然是店里专业理发师的徒弟，属于无证上岗，小张因此而经历了一次"血光之灾"。

传统"师傅带徒弟"模式，导致了只有技术的纵向传授，缺乏横向的交流，而且没有培训执照，没有正规的教材，给作业带来了安全隐患，给他人也带来损失。

【案例二】 一天，某企业的职工李某用打火机点燃气割器具，对废油桶进行切割。作业近 1 分钟时，废油桶发生爆炸燃烧，底部脱离，许某身上着火，就地打滚，后经同事扑救，将火扑灭。李某被立即送往当地医院，后转上级医院抢救，但经救治无效死亡。

李某从事此项作业已多年，略知一些废油桶切割作业的操作要求。此次气割作业，李某在没有把废油桶盖打开、对废油桶内的情况进行检查的情况下，将废油桶进行蒸汽处理或加水处理，致使气割废油桶的残油（液）经气割高温作用达到爆炸浓度，而引发爆炸燃烧。这是此次事故的直接原因。

另外，李某从事气割作业，无特种作业操作证，属无证上岗。该企业对于金属焊接切割作业的安全生产条件所必需的资金投入不够、金属焊切割作业操作规程不完备、事故现场消防灭火器材等防护设施不健全、作业人员佩戴劳动防护用品不及时、安全生产教育和培训不到位等，也是造成此次事故的间接原因。

安全经典语录

- 资质是特种作业安全的第一要务。
- 加强职工安全技术培训，坚持工人持证上岗。
- 无资质上岗等于自杀，放任无资质上岗等于杀人。
- 安全生产必须依靠安全科学技术，安全科学技术也是第一生产力。

安全操作工具

为了保障生产作业的安全性，企业必须严格制定特种作业人员管理制度。

<table>
<tr><td rowspan="2">制度名称</td><td colspan="3" rowspan="2">特种作业人员管理制度</td><td>受控状态</td><td></td></tr>
<tr><td>编　　号</td><td></td></tr>
<tr><td>执行部门</td><td></td><td>监督部门</td><td></td><td>编修部门</td><td></td></tr>
<tr><td colspan="6">第1章　总　　则
第1条　目的
为落实公司安全生产责任制，加强特种作业人员的管理，规范特种作业人员和特种设备作业人员的作业，保障安全生产，特制定本制度。
第2条　适用范围
本规定适用于公司特种作业人员、特种设备作业人员和在本公司范围从事特种作业的外来人员。
第3条　相关定义
1. 特种设备是指涉及生命安全、危险性较大的锅炉、压力容器（含气瓶，下同）、压力管道、电梯、起重机械、客运索道、大型游乐设施和场（厂）内专用机动车辆。
2. 特种作业是指容易发生事故，对操作者本人、他人的安全健康及设备、设施的安全可能造成重大危害的作业。特种作业主要包括电工作业、金属焊接切割作业、公司内机动车辆驾驶、电梯运行工、压力容器操作。</td></tr>
</table>

续表

<table>
<tr><td rowspan="2">制度名称</td><td colspan="3" rowspan="2">特种作业人员管理制度</td><td>受控状态</td><td></td></tr>
<tr><td>编　　号</td><td></td></tr>
<tr><td>执行部门</td><td></td><td>监督部门</td><td></td><td>编修部门</td><td></td></tr>
<tr><td colspan="6">

第 4 条　职权职责

1. 各个生产班组应对特种作业人员进行岗位核定，并辅助生产部门建立健全的特种作业人员管理档案。

2. 班组必须从源头控制特种作业人员的使用，必须配合人力资源部门进行相应的资历审查。无特种作业资格证者不得招聘入职。

第 2 章　特种作业人员作业要求

第 5 条　特种作业人员在独立上岗作业前，必须获得相应从业资质。

第 6 条　特种作业人员应熟知本岗位及工种的安全技术操作规程，严格按照相关规程进行操作。

第 7 条　班组用特种作业人员前，必须符合相应的国家规定要求。

第 8 条　特种作业人员作业前须对设备及周围环境进行检查，清除周围影响安全作业的物品，严禁设备没有停稳就进行检查、修理、焊接切割、加油、清扫等违章行为。

第 9 条　特种作业人员必须正确使用个人防护用品、用具，严禁使用有缺陷的防护用品、用具。

第 10 条　特种作业人员在作业现场作业期间，必须有人进行现场监护，禁止单独作业。

第 11 条　班组上报安全卫生核准，书面报告经分管领导批准后，由人事部门安排培训和考核工作。

第 12 条　在培训期间，各班组必须安排特种作业人员参加脱产培训。

第 13 条　特种作业人员证件到期复审和新增特种作业人员的初审，由班组上报名单，并推进相关培训或教育工作的开展。

第 14 条　各班组需要增加使用特种作业人员时，须向公司人力资源部门上报。

第 15 条　特种作业人员工作岗位须保持相对稳定，从事特种作业的外来人员应纳入到本公司特种作业人员的管理范围。

第 16 条　班组长通过合适的方式将信息传达到外来的作业单位和人员，明确安全责任和相关安全注意事项，确保安全作业。

第 17 条　外来公司要保证因工作需要携带到本班组的特种设备必须保持良好的使用状态，无牌无照、损坏淘汰、存在安全隐患的特种设备禁止带入本公司范围内使用。

第 18 条　外来人员在本公司范围内从事特种作业时，必须遵守本公司的各项安全卫生管理制度。

第 19 条　对特种作业人员生产作业过程中出现的任何违章行为，公司所有人员应该及时进行纠正和教育，必要的情况下应对当事人或外来单位进行处罚。

第 3 章　附　　则

第 20 条　公司生产部门负责本办法的制定、解释和修订。

第 21 条　本办法自颁布之日起开始实施。

</td></tr>
</table>

<table>
<tr><td rowspan="3">修订
记录</td><td>修订标记</td><td>修订处数</td><td>修订日期</td><td>修订执行人</td><td>审批签字</td></tr>
<tr><td></td><td></td><td></td><td></td><td></td></tr>
<tr><td></td><td></td><td></td><td></td><td></td></tr>
</table>

安全知识竞答

1. 特种作业是什么？

2. 特种作业主要包括五大类：________、________、________、________、________。

3. 特种作业人员必须具备哪些条件？

4. 如何做好特种作业人员的监督管理工作？

5. 在什么情况下，特种作业操作证要予以没收？

---

1. 答案：特种作业指容易发生事故，对操作者本人、他人的安全健康及设备、设施的安全造成重大危害的作业

2. 答案：电工作业　金属焊接切割作业　企业内机动车辆驾驶　电梯运行工　压力容器操作

3. 答案：特种作业人员是指直接从事特种作业的人员。特种作业人员必须具备以下基本条件

(1) 年龄满18周岁

(2) 身体健康，无妨碍从事相应工种作业的疾病和生理缺陷

(3) 初中以上文化程度，具备相应工种的安全技术知识，参加国家规定的安全技术理论和实际操作考核并成绩合格

(4) 符合相应工种作业特点需要的其他条件

4. 答案：

(1) 特种作业人员必须持证上岗，无证上岗的，按国家有关规定对用人单位和作业人员进行处罚

(2) 用人单位应当加强特种作业人员的管理，做好申报、培训、考核、复审的组织工作和日常的检查工作

(3) 发证单位及用人单位应当建立特种作业人员档案

(4) 各省、自治区、直辖市安全生产综合管理部门应当在每年年初向国家经济贸易委员会报送上一年度本地区有关特种作业人员培训、考核、发证和复审的

统计资料

5. 答案：有下列情形之一的，由发证单位收缴其特种作业操作证

（1）未按规定接受复审或复审不合格的

（2）违章操作造成严重后果或违章操作记录达3次以上的

（3）弄虚作假骗取特种作业操作证的

（4）经确认健康状况已不适宜继续从事所规定的特种作业的

第三十章

严禁违章指挥

安全漫画

安全禁令精讲

在安全生产中，60%的事故是由违章指挥和违章作业引起的，而违章指挥是“三违”中危害最大的一种。管理者和指挥者的违章指挥行为往往会引导、促使员工进行违章作业，而且使之具有连续性、外延性。

对违章指挥行为加以识别，是企业杜绝违章指挥现象、做好班组安全预防工作的前提。违章指挥行为的内容如图 30—1 所示。

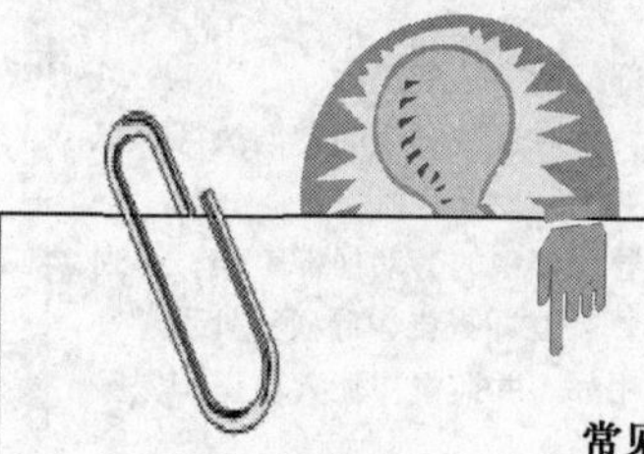

常见违章指挥十大行为

1. 不按规定对新工人、复工工人、换岗工人、从事特种作业的工人等进行安全培训
2. 被安监部门和安技部门发出停止使用通知单的设施，在未消除隐患的前提下被擅自安排使用
3. 指派身体状况不适应本工种要求的人员上岗
4. 多工种、多层次同时作业，现场无人指挥和监护，不制定和执行安全措施，不执行危险作业审批制度
5. 对已发现的事故隐患，既不认真及时整改，又不作整改计划，仍强行安排生产任务
6. 违章派车，不按载货、载人等规定用车，带病（刹车、灯光、喇叭、后视镜、雨刮器等不齐全、失效）出车，指令驾驶员违章驾驶
7. 设备安装时不按照技术标准和规定程序进行施工、检查、验收、移交；在检查验收中提出问题的设备，问题尚未解决就擅自投入使用
8. 在机电设备检修的同时，不把安全防护保险装置纳入检修计划
9. 在无安全生产保证措施的情况下，组织工人拼设备、拼体力、抢时间、争速度
10. 发生工伤事故，不按“四不放过”原则认真吸取教训和采取必要的防范措施，仍继续冒险作业

图 30—1　违章指挥的行为

企业应着手采取制度方面的措施，对班组管理人员的指挥行为应加强督促与监管，如图 30—2 所示。

杜绝违章指挥，具体还应从以下三方面入手，如图 30—3 所示。

违章指挥行为监督管控相关措施

监督管理体制的建立：
1. 强有力的监察措施是安全生产法制得以落实的基本手段。监察的两种方式：行为监察与技术监察
2. 具体形式：不定期地组织监察执行活动、按照劳动安全卫生监察考核标准进行系统的卫生检查和评定、根据举报进行监察活动

其他相关制度的完善，包括：奖惩制度、违章制度、应急处理等

安全管理人员应履行的职责如下：
1. 协助分管安全生产的经理，贯彻执行劳动保护法律法规、制度，综合管理日常安全生产工作
2. 汇总和审查安全生产措施计划，并督促有关部门切实按期执行
3. 制定、修订、健全公司的安全生产管理制度，并对这些制度的贯彻执行情况进行监督检查
4. 组织开展安全生产大检查；经常深入现场指导生产中的劳动保护工作；遇到有特别紧急的不安全情况时，有权停止生产，并立即报告领导研究处理
5. 根据有关规定发放符合国家标准的劳动防护用品，并监督作业人员正确佩戴和使用
6. 组织有关部门研究制定防止职业危害的措施，并监督措施的执行
7. 做好生产现场的突发状况的应对处理

图 30—2　违章指挥管控相关措施

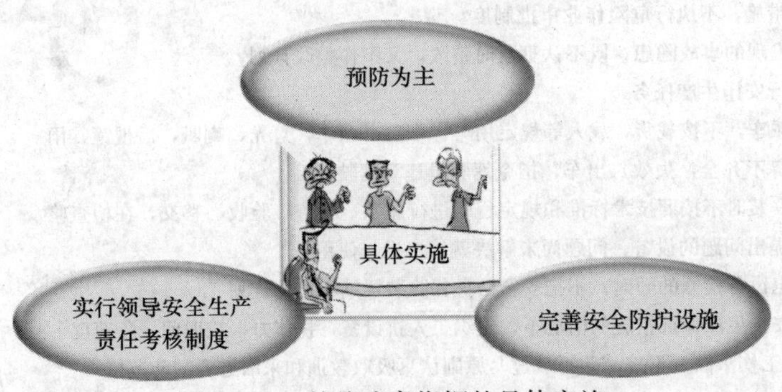

图 30—3　杜绝违章指挥的具体实施

安全案例细说

指挥，即上级对所属下级各种活动进行的组织领导活动，在企业的安全生产中起到至关重要的作用。领导违章指挥等于犯罪，职工违章操作等于自杀。我们

来看看下面两个案例。

某煤矿工区掘进工作面放炮后，该单位副区长刘某为抢时间赶进度，在没进行临时支护的情况下，安排当班职工李某，用扒子将迎头矸石向后扒，随后又安排打眼工张某到迎头打回头轮子生根眼。当生根眼打进半米时，顶板掉下大块矸石，砸在张某的小腿上，造成张某小腿骨折。刘某看出事了，急忙搬开张某腿上的矸石，这时顶板又掉下一块矸石，砸在刘某的右手上，造成右手3根手指骨折。

事故原因分析：首先，副区长刘某违章指挥是造成此次事故的主要原因；其次，当班职工张某在意识到刘某违章指挥后，并没有利用自己的权利拒绝作业，自主保护意识差；再次，当班巡查人员检查不到位，不能够对工作中存在的危险源及时提出警示；最后，工区安全教育培训不到位，致使领导、员工对危险源辨识能力不强，安全防范意识差。

我们再来看一则案例。

这起事故发生在一个化工厂。某班操作工小李，在穿戴不规范、未到操作平台上观察的情况下，在对磷酸工段盘式过滤机辅料情况检查时，致发生盘式过滤机翻盘、导轨立柱、导轨挤压和碾压伤害等事故的发生。李某左腰部挤伤、双腿大腿开放性、粉碎性骨折，经抢救无效死亡。

经厂区事故调查小组多次到现场考证、比较、分析后，认为死者李某自身违章作业是导致事故发生的直接原因。一是李某上班时间防护用品穿戴不规范，纽扣未扣上就进入了危险区域作业；二是李某在观察铺料情况时，为了图省事，未到操作平台上观察，违反了操作规程，致使伤害事故的发生。

对于案例中的违章指挥，可以采取的防范措施如下。

1. 加大安全教育力度，注重针对性，加强实效性，特别是第二、三级安全教育要讲个性、讲个体、讲个案，不留死角，不留隐患，做到安全知识和技能人人理解，人人掌握。

2. 加大安全工作的执规、执法力度，切实做到“我的安全我负责，别人的安全我有责”，相互监督，相互关心。

3. 对事发地点盘式过滤机周围增设一圈防护栏，并悬挂安全警示牌。

4. 加强节假日的安全管理工作，教育职工认真做到劳逸结合、有张有弛、警钟长鸣。

5. 加强安全管理，认真扎实地落实安全工作严、实、细、快的工作作风，勤查隐患，狠抓整改，防患于未然。

安全经典语录

■ 违章指挥等于变相杀人。

■ 领导违章指挥等于犯罪，职工违章操作等于自杀。

■ 加强安全教育培训，提升安全防范意识和危险源辨识能力。

■ 严格按章作业，坚决做到不安全不生产。

安全操作工具

按章指挥是一个生产部门安全生产的指挥棒。班组相关人员在进行安全生产指挥时，必须用制度加以完善和保障。班组安全生产指挥实施办法示范如下。

制度名称	违章指挥行为管理规范			受控状态	
				编　　号	
执行部门		监督部门		编修部门	

第1条　目的

为了杜绝一切因违章指挥引发的事故，减少公司不必要的损失，根据公司的相关规定，特制定本管理规范。

第2条　适用范围

本规范适用于公司内部各车间班组。

第3条　本规范所称的“三违”是指违反劳动纪律、违章指挥、违章作业。

第4条　基本要求

1. 各班组长、安全专员要率先垂范，模范遵守安全生产规章制度，教育员工遵章作业，培养其良好的安全作业习惯。

2. 各班组长、安全专员加强对作业现场的动态监控，对查出的违章者及时进行针对性的安全教育，并按要求做好违章记录，建立健全的记录档案。

第5条　凡是在各类安全检查中查出有违章现象的，违章责任者必须到安全负责办公室进行违章登记，接受安全教育。

第6条　凡在重大危险源部位或A级危险源（点）查出个人或班组违章指挥或操作的，其班组长要对违章的具体情况认真组织剖析，查明原因，落实责任，提出改进措施及处理意见。

第7条　凡班组被查出违章指挥或操作累计次数达到4次的，除按前款规定执行外，该领导将对其班组主要负责人进行诫勉谈话，取消该班组年度评先资格。

第8条　凡在重大危险源部位或A级危险源（点）违章次数累计达到2次的，或在其余工作场所违章记分累计达到3次的，经安全教育合格后方可重新上岗。

第9条　凡违章次数累计达到4次并在同一环节中连续违章达到3次的，除按前款规定执行外，将对其进行通报批评，并考虑调整其工作岗位。

第10条　对因本人违章造成他人伤害及设备事故的，应立即停止违章者的工作，并根据事故大小

续表

<table>
<tr><td>制度名称</td><td colspan="4">违章指挥行为管理规范</td><td>受控状态</td><td></td></tr>
<tr><td></td><td colspan="4"></td><td>编　号</td><td></td></tr>
<tr><td>执行部门</td><td></td><td>监督部门</td><td colspan="2"></td><td>编修部门</td><td></td></tr>
<tr><td colspan="7">和损失金额，依据公司有关考核办法进行处理。
第 11 条　对安全工作中的好人好事及时进行表扬，并将其列入考核项目进行考核。
第 12 条　有下列情况之一的，对直接责任人罚款____元，生产安全专员罚款____元，主管领导罚款____元。责令限期改正而未改正的，处以____元以下经济处罚，情节严重的，给予通报、行政处分。
1. 指挥人员没有严格按照安全生产工作规定的要求履行安全生产指挥职责。
2. 未针对安全生产管理中的薄弱环节和主要问题制定相应的措施。
3. 野蛮指挥，强行命令工作人员违规作业。
4. 随意指定不具备资格的人员担任检修、运行工作或单独操作。
5. 擅自安排更换操作人和监护人，非监护人直接指挥操作人员进行操作。
6. 未履行变更手续，随意更换工作负责人。
7. 生产设备、系统异常运行并达到规定的紧急停运条件时，擅自发出不允许停运的指令。
8. 安排未经培训或考试不合格的人员参加生产工作。
9. 职权范围内的工作不决策，推托责任。
10. 未履行工作程序，擅自决定设备带病、超出运行范围作业或让职工冒险作业。
11. 各工作单位自行认定指挥性违章行为的。
12. 其他没有执行公司安全生产管理制度、导致人身伤害事故发生的行为。
第 13 条　企业生产部门负责本办法的制定、解释、修订和废止。
第 14 条　本办法自颁布之日起开始实施。</td></tr>
<tr><td rowspan="3">修订记录</td><td>修订标记</td><td>修订处数</td><td>修订日期</td><td>修订执行人</td><td colspan="2">审批签字</td></tr>
<tr><td></td><td></td><td></td><td></td><td colspan="2"></td></tr>
<tr><td></td><td></td><td></td><td></td><td colspan="2"></td></tr>
</table>

安全知识竞答

1. “四全管理”原则要求________、________、________、________管理。

2. “三不违”原则，强调的是________、________、________。

3. 什么是违章指挥?

4. 违章指挥由什么造成的?

5. 如何预防违章指挥?

6. 《安全生产法》规定从业人员的三项基本任务是什么?

1. 答案： 全员　全过程　全方位　全天候

2. 答案： 不违反劳动纪律　不违章指挥　不违章作业

3. 答案： 安排或指挥职工违反国家有关安全的法律、法规、规章制度、企业安全管理制度或操作规程进行作业的行为

4. 答案： 不从实际出发，盲目追求完成生产任务；没有安全防护措施时，设备、人员、方法等安全防护条件不具备；安全意识淡薄，不懂安全技术；不尊重专家、员工的建议，强令或指挥他人冒险作业等

5. 答案： 摆正安全与生产的关系，当不具备安全生产条件时，员工可以拒绝接受生产任务；加强自身安全素质的培养，提高安全意识，掌握安全技术操作规程，能够正确处理生产作业过程中遇到的问题

6. 答案： 从业人员在作业过程中，应当严格遵守本单位的安全生产规章制度和操作规程，服从管理，正确佩戴和使用劳动防护用品